O G-4 E A REFORMA DO CONSELHO DE SEGURANÇA DAS NAÇÕES UNIDAS

O Brasil na ONU

DIAS, THIAGO DOS SANTOS

O G-4 E A REFORMA DO CONSELHO DE SEGURANÇA DAS NAÇÕES UNIDAS:
O BRASIL NA ONU

INDEPENDENTLY PUBLISHED.

ISBN: 9781088737699

SÃO PAULO, BRAZIL

PUBLICATION DATE: 2019

PORTUGUESE

PAGES: 121

O G-4 E A REFORMA DO CONSELHO DE SEGURANÇA DAS NAÇÕES UNIDAS: O BRASIL NA ONU

São Paulo

2019

THIAGO DOS SANTOS DIAS

Advogado e palestrante, graduado em Direito pela Universidade Presbiteriana Mackenzie (2014). Conciliador e mediador do Tribunal de Justiça de São Paulo. Especialista em Direito Ambiental, é pós-graduado em Direito Constitucional e Direito Tributário pela Universidade Cândido Mendes. Teve formação religiosa em instituições de formação católica onde exerceu funções de Cerimonial. Tem experiência na área de Direito Público, especialmente Direito Internacional Público e Direito Constitucional. Professor Convidado em instituições de ensino.

THIAGO DOS SANTOS DIAS

O G-4 E A REFORMA DO CONSELHO DE SEGURANÇA DAS NAÇÕES UNIDAS: O BRASIL NA ONU

São Paulo

2019

Dedico a todos de minha família, que não mediram esforços para que eu chegasse até esta etapa da minha vida e por todo incentivo, força e disciplina ensinada.

AGRADECIMENTOS

À família, que entenderá ao ler este agradecimento o tamanho de sua importância.

Aos amigos, por serem fundamentais em minha vida, pois sem eles não teria forças para essa jornada.

Ao saudoso Professor Ruber David Kreile, cujo apoio sempre foi vigoroso , as maiores saudações intelectuais em um grande *vivat* germânico *ad aeternum.*

Ao Professor Dr. Antônio Cecílio Moreira Pires, que, como excelente mestre, demonstrou disposição e interesse à realização do trabalho de conclusão de curso que resultou nesta obra.

Aos mestres de ontem, hoje e sempre, representados pelo Professor e Magistrado Dr. Carlos Alberto Corrêa de Almeida Oliveira pelas lições jurídicas e pela positiva influência no meu crescimento acadêmico, profissional e pessoal.

"...E paz é a continuação da diplomacia por outros meios..."
(Celso Amorim)

APRESENTAÇÃO

O Brasil da primeira década é bastante diferente do país do ano de 2019, fato notório na dura realidade nacional. Ainda mais distante, o Brasil de 1939 e o Brasil de 2019 são países diversos. Basta analisarmos imagens e dados estatísticos daquele país e o Brasil de hoje, veremos a tamanha diferença de realidade, desenvolvimento e ilustração. O Direito pátrio foi alterado de maneira revolucionária, queiram os juristas ou não, pela Revolução Vargas e seu regime, que deve ser analisado sob uma perspectiva histórica e social, além da perspectiva estrita do jurista, assim não poderemos negar que o Estado brasileiro se tornou maior, mais centralizado, porém mais racional, sob uma análise weberiana de Estado burocrático.

Se o Direito pátrio hoje tem apreço pelos direitos humanos e por um desejo pelo desenvolvimento econômico e social, confome mandamento constitucional, muito se deve aos acontecimentos dos anos 1930 e 1940, quando o Brasil, inserido no mundo em que habitamos, em um contexto arriscado entre o comunismo, o fascismo e o liberalismo, decidiu participar da Segunda Guerra Mundial ao lado dos Aliados, contudo, sem antes negociar uma inserção internacional com vistas à modernização do Estado nacional. O pragmatismo adotado pelo Governo Vargas é analisado no trabalho, que demonstra, com base em pesquisas bibliográficas, a via escolhida pelo governo brasileiro para que fosse reconhecido como um país grande não apenas em tamanho geográfico, mas importante na seara internacional, o que foi reconhecido pelo presidente norte-americano à época do conflito mundial, o presidente Franklin D. Roosevelt.

A parte argumentativa do trabalho apresenta as críticas à eventual participação do Brasil na Organização das Nações Unidas e sua constituição legal, com vistas a demonstrar o papel relevante que a instituição para a paz tem.

Todo o objetivo desta obra é, no contexto atual de alinhamento automático, trazer uma visão oposta do interesse mais imediato do país, ilustrando que o interesse nacional é mais trabalhoso, onera o Estado, entretanto o premia e o protege de intentos escusos de terceiros Estados que possam ferir a Soberania e os Direitos Humanos no Brasil e em nossa esfera de poder, bem como em esfera global.

Destarte, esta obra acadêmica publicada como resultado de avaliação bem-sucedida em monografia final do curso de Direito da Universidade Presbiteriana Mackenzie, em São Paulo, tem como intuito trazer aos leitores do Direito Internacional Público uma visão histórica e de análise de política externa somada aos recursos jurídicos fundamentais para a hermenêutica característica da ciência do Direito, que exige métodos próprios de pesquisa, análise e abordagem, que, contudo, não pode se olvidar de uma ampla base em outras ciências correlatas, o que foi o objetivo desta obra.

Thiago dos Santos Dias
São Paulo, agosto de 2019.

PREFÁCIO

A presente pesquisa objetiva examinar as possibilidades de reforma do Conselho de Segurança das Nações Unidas e uma reformulação das estruturas de poder estabelecidas após a Segunda Guerra Mundial, sempre concentrando seu olhar para os interesses do Estado brasileiro. Relata-se a histórica participação do Brasil nos foros multilaterais até sua possível escolha como um dos membros permanentes no projeto de criação da Organização das Nações Unidas, durante a Segunda Guerra Mundial, estabelecendo um ponto de contato com os projetos de reforma surgidos com o término da bipolaridade mundial. Após tal estudo histórico, é necessário compreender as diferenças e requisitos para uma possível reforma e os interesses dos atuais membros permanentes, não perdendo de vista o pleito do G-4, grupo composto por Alemanha, Brasil, Índia e Japão, de uma reforma que possa levar a uma melhor distribuição global de poder no órgão legislativo internacional que é as Nações Unidas.

SUMÁRIO

INTRODUÇÃO

A perspectiva de uma possível reforma do Conselho de Segurança da Organização das Nações Unidas é a força-motriz desta obra e de pesquisa anterior realizada em sede de iniciação científica no seio de curso de graduação em Direito na Universidade Presbiteriana Mackenzie, dado que o número de pesquisas acerca do tema e de outros relacionados à geografia das relações internacionais e direito internacional público se mostra modesto na academia brasileira, fato contraditório para um país que há muito intenta o ingresso no seio de poder mais cobiçado na seara internacional, o Conselho de Segurança. Dentro desse quadro, a pesquisa buscou resgatar o histórico da atuação do Brasil nos foros multilaterais, mas também na sua relação bilateral com países que poderiam afetar de forma eficaz na inclusão do país em grupos de maior influência.

A pesquisa, ademais, se motiva pela percepção de que na última década o Brasil se encontra em diferente olhar no cenário internacional, sendo visto por aqueles que o ignoravam e analisado mais acuradamente pelos observadores de outrora, devido à atuação mais participativa nos foros internacionais e a tentativa de se incluir em polêmicas controvérsias no jogo de xadrez que são as relações internacionais e, portanto, um papel ativo na defesa do direito internacional, seja nas Nações Unidas quanto em outros foros.

Contudo, esta pesquisa não descura da histórica participação do país no Conselho de Segurança das Nações Unidas, em especial na Organização das Nações Unidas, sem relegar a memorável participação na predecessora Liga das Nações, organismo que antecedeu a Segunda Guerra Mundial e se mostrou ineficaz ao despertar do grande conflito. Ao analisar a atuação do Brasil na

ONU chegamos ao ponto fulcral dessa participação com o papel exercido no Haiti, em Operação de Paz chamada de MINUSTAH.

Dado o seu desenvolver nas Nações Unidas enfrenta-se o dilema da reforma e o sempre lembrado ingresso do Brasil no Conselho de Segurança como membro permanente e as negociações conjuntas através do G-4 (Brasil, Índia, Alemanha e Japão) a fim de alterar aquele Conselho, dando-lhe mais efetividade e legitimidade em um mundo multipolar. A reforma do CSNU já há décadas é debatida, com um sinal de mudança aparente, mas não real, na gestão do então Secretário-Geral da ONU Boutros Boutros-Ghali que se prolonga, e é coordenado pela formação do G-4.

A pesquisa, portanto, tem como objetivo analisar a reforma do Conselho de Segurança sob uma perspectiva dos interesses brasileiros e das possíveis formulações de Direito Internacional que possam surgir como resultado. Assim, é prudente que possamos verificar a participação do Brasil na ONU, e mais específico, em seu Conselho de Segurança, referindo-se, obviamente, às reuniões que criaram tal organização, às quais o Brasil esteve presente e fora cogitado a participar como membro permanente, num quadro em que a França ficava ausente, porém que desagradava às potências europeias, em especial o Reino Unido e a URSS que temiam a alta representatividade das Américas no futuro Conselho de Segurança.

Destarte, impõe-se a história da política exterior brasileira e suas demandas para uma política internacional multipolar, com breve exceção no regime militar, e as divergências existentes com as grandes potências frente aos debates ideológicos e à paralisação do Conselho de Segurança como consequência do veto de uma potência contra iniciativa de resolução de outra, em geral causadas por EUA e URSS.

O projeto de reforma, os primeiros esboços e a necessidade de confluência de interesses conduzem, então, após um viés brasileiro, à tentativa de mapear quais são os interesses e realidades constantes dentro do Grupo dos Quatro, dois pequenos países desenvolvidos sentados à mesa com dois gigantes em desenvolvimento. Estudamos se existem realmente interesses em comum entre os membros do G-4, e a posição geopolítica de cada um deles ao colocar em tela suas histórias de desenvolvimento, ingresso e pontos dinâmicos de suas políticas externas, concentrando-se na forma como contribuem ou não para o sistema coletivo internacional e para as diretrizes do Direito Internacional.

Questiona-se se é possível uma reforma, e se esta não pode ser prejudicial aos interesses dos membros que a pleiteiam, pois a conquista do desejado pode levar ao encontro com um desconhecido não muito simpático, uma verdadeira "Caixa de Pandora" em um jogo de incertezas e competições que é o sistema internacional, no qual o Direito deve aproar os países. Nota-se que, em que pese o apoio declarado ou disfarçado de aprovação dos membros permanentes do Conselho de Segurança, a mensagem transmitida pelos vizinhos dos países do G-4 é a de reprovação, dúvidas e incertezas, já que se encontram em frequente competição em suas regiões geográficas, o que coloca o G-4 em xeque em uma votação de resolução.

A reforma proposta pelo G-4, portanto, fica, sob uma perspectiva do Direito Internacional, em sintonia com os desígnios de ampliação das esferas de poder, e coloca-se sua história e a de cada um de seus membros, verificando-se as disputas internas existentes dentro destes países e se há efetivamente um interesse dos tomadores de decisão e uma política de Estado de seus membros visando alterações Conselho de Segurança. Ademais, o trabalho não se esquece de ressaltar os ganhos e perdas da reforma que se discute e se os membros do G-4, em especial o Brasil, possuem contribuições factíveis para a segurança e paz, os direitos humanos e o direito das gentes como um todo.

1. MULTILATERALISMO E O BRASIL

1.1 Primeiros passos

Ao falarmos sobre o G-4, faz-se evidente a exigência de estudo acerca da inserção do Brasil nas relações internacionais. No cenário multipolar no século XX se registra com força a participação brasileira incipiente, mas fundamental, na II Conferência de Paz de Haia, em 1907, tendo como representante do Brasil o jurista Rui Barbosa, este que em razão de sua participação recebeu a alcunha de Águia de Haia pela imprensa brasileira da época. É nessa conferência sobre os rumos da paz e segurança internacionais que o Brasil iniciava longa participação nos foros internacionais. Era o Brasil um país republicano cujo chanceler, o Barão do Rio Branco, buscava ver seu país melhor inserido entre as nações, pois outrora Império ao menos recebia os dividendos da aproximação da família monárquica com outras cortes europeias, e como nação disposta a contribuir com a paz em uma época tão ímpar quanto aquela.

O jurista Rui Barbosa, representante brasileiro junto à Conferência de Paz, exerceu papel definidor nas negociações socorrido por sua vasta experiência jurídica, ou melhor, foi seu conhecimento jurídico que alterou e surpreendeu a conferência, deixando os delegados de outros países, em especial das potências imperiais e dos Estados Unidos, espantados com tal homem[1]. Buscou sempre se guiar pelo direito usando-o como pilar para o Brasil nessa conferência, fez-se claro ao defender a soberania e a autodeterminação dos povos enquanto as grandes potências desejavam influir nos rumos dos países mais frágeis á época[2].

Como enviado brasileiro surpreendeu pela oratória e arcabouço jurídico, deixando todos os delegados boquiabertos por um discurso digno do parlamento britânico, porém proveniente de uma casa legislativa dos trópicos, tal talento fora imprescindível na defesa de institutos jurídicos caros ao Brasil e nas

---

[1] Carlos Henrique CARDIM, *A Raiz das coisas*, p. 183.
[2] Ibid., p. 172.

proposições brasileiras[3]. Essa atividade não ocorreu isolada, enquanto ocorria a Conferência o Palácio do Itamaraty, no Rio de Janeiro, atuava diplomaticamente junto às Chancelarias latino-americanas com o intuito de unir as nações em uma frente única na defesa de interesses e também com o desejo de evitar que propostas que fossem de encontro ao Direito Internacional, tal como limitação de aparato bélico de países mais fracos, viessem à aprovação[4]. Porém também agiu contra certas doutrinas e correntes que estiveram no foco dos latino-americanos, como a Doutrina Drago sobre dívidas das nações e as formas de cobrança por parte das nações credoras[5].

Na atuação brasileira representada por Rui Barbosa e seu séquito composto de diplomatas graduados o Brasil aí iniciava uma jornada inegável no concerto das nações, sempre defendendo a prevalência do direito ante a força, a primazia do direito internacional, entretanto com um pragmatismo jurídico. Logo, ao contrário de outros países, o início do papel do Brasil no multilateralismo não se deu pela força, pelo poder, pelo gigantismo econômico, pelo número de armas de guerra e sim pela defesa incansável do direito, da soberania e da igualdade das nações. Tal reconhecimento do país por essas razões sempre esteve evidente no convite e no chamado a nosso país de que desse seu ponto de vista sobre as mais variadas matérias, muito após a criação da Organização das Nações Unidas da qual o Brasil participou desde seu início, sendo cogitado para ser um dos membros permanentes do Conselho de Segurança na época de sua criação.

---

[3] Afonso CELSO. *Oito anos de parlamento*, Brasília, Senado Federal, 1998.
[4] William T. STEAD. *O Brazil em Haya,* tradução do inglês seguida de *Dez Discursos de Ruy Barbosa na Segunda Conferência da Paz*, Rio de Janeiro, Imprensa Nacional, 1925. apud Carlos Henrique CARDIM, op. cit.
[5] Carlos Henrique CARDIM, op. cit., p. 150.

A essa inserção multilateral e pioneirismo, o Embaixador Celso Amorim[6] destaca a importância de Rui Barbosa na Segunda Conferência de Paz de Haia e sua relevância, comparando o à Rio Branco:

> *Da mesma forma que o Barão do Rio Branco, que foi um grande realizador do ponto de vista das relações do Brasil com os outros países, sobretudo na própria região, resolvendo de maneira pacífica, inteligente, não conflituosa, as questões de fronteira que havíamos herdado do período colonial, Rui Barbosa foi um pioneiro da diplomacia multilateral. Tendo participado de uma das Conferências de Haia, ele defendeu, numa reunião em que se discutiam questões relativas à navegação, o princípio da igualdade jurídica dos Estados de maneira muito forte. Ele não teve a capacidade e a possibilidade de fazer com que as coisas ocorressem da maneira que desejava, mas, pelo menos, defendendo o princípio da igualdade entre os Estados, impediu que um mal fosse feito, que era criar, já naquela época, uma espécie de diretório, um mini-Conselho de Segurança para discutir essas questões. Ele defendia que tudo fosse discutido de maneira democrática por todos os interessados. Então, Rui Barbosa é um grande inspirador, no caso do Brasil, da nossa diplomacia multilateral. (...) foi um grande defensor de um princípio que nós também defendemos, que é o da democracia e igualdade dos Estados.*

O papel do Brasil na contribuição para a paz mundial já estava presente e destacado anteriormente a Segunda Guerra, na antiga Liga das Nações – esta organização predecessora da ONU teve o Brasil como um dos membros de seu Conselho de Segurança – ou seja, de 1907 até nossos dias o Estado brasileiro age com destaque no cenário internacional, primeiramente na América do Sul e depois, muito em razão da importância dos países em desenvolvimento, nos rumos da política internacional seja em foros multilaterais seja unilateralmente.

---

[6] Celso AMORIM, *Palestra do Ministro das Relações Exteriores, Embaixador Celso Amorim, no encerramento do Curso para Diplomatas Sul-Americanos,* FUNAG-IPRI.

É sobre o papel do Brasil ante outras nações que o jurista Rui Barbosa em meio a vários representantes de países de todo o mundo afirmou preceitos jurídicos tais como a igualdade jurídica dos Estados na Segunda Conferência de Paz de Haia e que serve a todos os ainda hoje. A atitude de relegar nossa participação em razão da importância menor que o país possuía seria um erro muito maior que o de recusar o convite para participar da Primeira Conferência Internacional da Paz de Haia, em 1899. Na ocasião apenas México e Brasil foram convidados, entre os latino-americanos, aceitando o convite somente o México; o governo de Campos Sales cometeu um equívoco[7] ao recusar a participação, segundo Cardim, pois poderia ter se inserido internacionalmente, e não postergando em dez anos essa inserção, muito diz, por razões paroquiais.

Destarte, a autoestima brasileira deveria ser maior ou menos insegura em relação aos outros países e potências, pois apesar de todos os problemas, estamos entre os dez maiores países do mundo, as maiores populações, as maiores economias etc, de fato é o Brasil um ator relevante hoje, na época da Conferência se fez relevante mediante atuação de uma diplomacia regida por Rio Branco e diplomatas do mesmo nível das diplomacias europeias. As exigências de Rio Branco, seu conhecimento e de todos seus colaboradores, incluem-se aí Joaquim Nabuco e Rui Barbosa, deram ao nosso país uma característica invejável a outros Estados soberanos qual seja a de possuir fronteiras vastas com dez países sem possuir pendência alguma com quaisquer desses, sendo utilizado como exemplo empírico da qualidade do corpo diplomático nacional.

O Embaixador representante do Brasil, Rui Barbosa, ciente de suas responsabilidades e convicto da defesa nacional e apoiado pelo Direito Internacional ergueu o Brasil a nível diferenciado na II Conferência de Paz, corrigindo sua ausência na I Conferência de Paz e abrindo caminho para a

---

[7]Carlos Henrique CARDIM, op. cit., p. 62.

inserção do país como ator global, atitude hoje que reflete nas atividades na ONU, tanto em Nova Iorque quanto em Genebra, como em outros foros multilaterais atuantes num mundo multipolar, mas que também participou ativamente nos anos de Guerra Fria nos quais a polarização ideológica retirava a autonomia em troca de uma união que buscava auxílios das mais variadas formas. O fazer diplomático do Brasil no CSNU e sua contribuição para o desenvolvimento da paz e do Direito Internacional são gratos à defesa de Rui Barbosa na II Conferência Internacional da Paz de Haia, precursora de outras conferências e organizações, entretanto insuficiente para evitar um choque mundial.

1.2. A Liga das Nações

1.2.1. Histórico

O conceito de Paz e Segurança Coletiva, como conhecemos, partem de duas visões diametralmente opostas e necessárias para a melhor compreensão do fenômeno das relações internacionais e do sistema jurídico de amplitude internacional com intuito de assegurar a convivência de Estados soberanos, geralmente com interesses confrontantes. Os extremos de noção de segurança coletiva estão bem teorizados com Immanuel Kant e Thomas Hobbes.

No século XVIII, na Prússia, Immanuel Kant argumentara que apenas um sistema jurídico apoiado por todos os Estados seria possível de assegurar a paz universal. Sob inspiração de Abbé Saint-Pierre, que concebera uma organização de príncipes para a "paz perpétua", Kant havia pensado em uma liga das nações para salvaguardas a liberdade dos povos e encerrar toda a possibilidade de guerra, respaldado por um sistema jurídico que fosse capaz de, se não fosse possível abolir as guerras, levar o temor da beligerância às nações, conduzindo os estados a se associar pela busca da paz, tal como o homem havia feito ao se unir em sociedade, evitando a luta de todos contra todos. Seu trabalho é de fundamental importância para o processo de estabelecimento de mecanismos multilaterais para a promoção da paz, que começou com as Conferências da Haia de 1899 e 1907 e desembocou na constituição de organismos internacionais após cada um dos grandes conflitos do século XX.

O ceticismo frente à cooperação internacional, posição oposta à Kant, fora definida já por Hobbes, que atribui ao poder, em especial o militar, papel relevante na atuação dos Estados, pois é estado natural do homem permanecer em permanente luta contra todos com intuito de manter sua liberdade e, se viável, aumentar suas posses, sem, porém, tratar do direito comunitário.

O Concerto europeu, formado pelas potências europeias no século XIX, por fim, mantendo a homogeneidade dos governos monárquicos, através de mecanismos internacionais de cooperação, foi capaz de assegurar um equilíbrio relativo e a diminuição da violência entre nações por quase cem anos. Valendo-se de um direito de intervenção, houve uma substituição, pós-Napoleão, do exercício unilateral do puro poder nacional pela concertação coletiva. Porém, que não foi capaz, também, de assegurar a paz em uma era de impérios.

A Liga das Nações surge com os vencedores da I Guerra Mundial e o Tratado de Versalhes, caracterizando-se como uma proposta dos vencedores sobre os vencidos; resultado do grande conflito mundial, mas, baseado nas proposições de um norte-americano, cuja nação não viria a integrar tal organização, sujeito este era o presidente Woodrow Wilson que iniciou nova etapa nas relações internacionais e da política externa norte-americana, segundo linha diferente a de Theodore Roosevelt, entretanto com iniciativa de inserção do país no concerto das nações e principalista, acima de tudo. Ao discursar no Congresso norte-americano, Woodrow Wilson expôs seus *Quatorze Pontos para a Paz Mundial*, inaugurando um novo caminho para a política e o Direito Internacional[8].

No Brasil, durante a Primeira Grande Guerra, Rui Barbosa argumentava sobre a decisão de ingressar no conflito, se assumia posição de neutralidade ou ingressava ao lado dos Aliados; em 1916, na Argentina, nosso jurista, como Embaixador Especial naquele país para as comemorações da independência argentina, proferiu discurso defendendo a adesão ao lado dos aliados frente ao debate jurídico sobre a neutralidade e defesa da liberdade e soberania[9]. Rui Barbosa assumiu, portanto, posição pró-aliados de forma diversa aos germanófilos como Monteiro Lobato e outros[10], em situação de protesto alemão e oposição de Lauro Müller, chanceler brasileiro que se preocupava com a manutenção da neutralidade brasileira[11].

Em 1917, sob as dificuldades de manutenção de neutralidade e torpedeamento de navios brasileiros por parte dos alemães, é revogada a neutralidade em solidariedade aos Estados Unidos e em 25 de outubro o estado de guerra é reconhecido pelo presidente Wenceslau Braz, tendo o congresso votado o reconhecimento no dia seguinte[12]. O Brasil com sua chancelaria, chefiada já por Nilo Peçanha, tomou parte na guerra e excluiu a ideia de neutralidade, posição defendida e mantida pela Argentina durante todo o conflito, o que viria a ser ponto de atrito ao seu acesso à Liga das Nações; assim o país integrava os esforços de guerra com os aliados, contudo, não veio, por vários percalços, a ter efetiva expressão militar[13].

Tal participação, mesmo incipiente, foi mais um evento que somou à reputação brasileira internacionalmente, vindo a participar das tratativas de paz, ao fim da guerra, e, posteriormente, negociando a criação de uma organização

---

[8] Ver Henry KISSINGER, *Does America need a Foreign Policy?*
[9] Fernando de Mello BARRETO, *Sucessores do Barão*, p. 41.
[10] Ver Amado Luiz CERVO e Clodoaldo BUENO, *História da Política Exterior do Brasil*
[11] Fernando de Mello BARRETO, op. cit., p. 43.
[12] Fernando de Mello BARRETO, op. cit., p. 49.
[13] Ibid., p. 55.

mundial, uma visão não semelhante àquelas discutidas na II Conferência de Paz de Haia, ideia de órgão policial das grandes potências, porém distinto, semelhante aos *Quatorze Pontos* de Woodrow Wilson e de sua inspiração. A Liga, conforme discutido na sua elaboração, possuiria um Conselho ao qual competiria garantir a paz e a segurança, fiscalizar o respeito à soberania e ao direito internacional, à época, além de uma assembleia[14].

A representação mundial no Conselho ficou estabelecida com um número de países permanentes e outros eleitos, a todos era atribuído o direito de veto, situação dispare ao compararmos com sua sucessora a Organização das Nações Unidas e seu Conselho de Segurança. O Brasil, por sua participação no grande conflito, importância e tamanho no Hemisfério Ocidental, foi escolhido a possuir um assento não permanente, ao lado dos EUA, cujo assento seria permanente, entretanto ao qual nunca assumiu[15].

O processo de ingresso do Brasil no órgão deliberador da paz mundial se deu juntamente com a Bélgica, Espanha e Grécia, em muito por indicação de Wilson, pelo prazo de três anos, inicialmente.[16] Acabou, em seu início, representando todas as Américas em razão do Executivo norte-americano não conseguir efetivar seu ingresso no organismo ao qual auxiliou na elaboração devido a não aprovação pelo Congresso norte-americano, situação descritiva das atitudes isolacionistas ainda existentes pós-conflito, comuns antes da guerra[17].

O governo brasileiro participou ativamente desde o seu despertar, resultado da Conferência de Paz de Versalhes, na qual atuou fervorosamente posto o debate sobre apreensão de navios alemães e indenizações por afundamento de navios brasileiros. Internacionalmente, em paralelo ao convite de participação na Liga das Nações, o país lograva reconhecimento das potências, como no caso em que a legação britânica no Rio de Janeiro

[14] Ibid., p. 59.
[15] Amado Luiz CERVO e Clodoaldo BUENO, *História da Política Exterior do Brasil*, p. 221
[16] Fernando de Mello BARRETO, op. cit., loc. cit.
[17] Amado Luiz CERVO e Clodoaldo BUENO, op. cit., loc. cit.

comunicou ao governo brasileiro a decisão do governo de Sua Majestade de promover a referida legação à categoria de embaixada, o aumento de intercâmbio comercial Brasil-EUA e, em virtude da desorganização industrial na Europa pós-guerra, diminuiu-se a importação ampliando o nível de exportações, com leve ganho industrial para sua incipiente indústria. Contextualização importante que demonstra alguns dos ganhos decorrentes da opção por abandonar a neutralidade em 1917, como definia Rui Barbosa[18].

Primordialmente o país assegurou assento na Conferência de Paz pois Domício da Gama, então chanceler, era respeitado pelos norte-americanos, que o prestigiavam; Woodrow Wilson se esforçou junto aos Aliados pelo Brasil, tendo este ficado com o mesmo número de delegados reservado à Bélgica e à Sérvia, qual seja três delegados, enquanto que países menores ficaram com dois ou um delegado, as grandes potências (EUA, França, Reino Unido, Itália e Japão) receberam cinco assentos. Contudo, em 19 de março de 1920 o Senado dos Estados Unidos recusou a autorização para que o país se tornasse membro da organização, sob variadas críticas, mas com ênfase no artigo dez da Liga que se interpretava como obrigatório de participação bélica em caso de ataque de outro membro, situação que incomodava o país, além do sistema voto da organização que dava ao Reino Unido e seus domínios seis votos[19].

Composta posteriormente à Liga das Nações, formou-se o Conselho Executivo integrado por membros permanentes e temporários, como já citado, os últimos eram eleitos, o que na primeira gestão não acontecera porque nomeados pela Liga. O Brasil foi reeleito sucessivamente durante sua presença na Liga das Nações, trazendo dividendos e ganhos em termos de prestígio[20].

---

[18] Idem.
[19] Fernando de Mello BARRETO, op. cit., p. 62.
[20] Amado Luiz CERVO e Clodoaldo BUENO, op. cit., p. 222.

1.2.2. Negociações e Retirada

A Espanha, país europeu importante para o equilíbrio da paz no continente, e o Brasil, à época o único país representando as Américas, desejavam ter um posto permanente no Conselho Executivo da Liga das Nações, desde 1921, entretanto, como Cervo (2008) expõe em obra sobre a política externa brasileira, o país mediu desproporcionalmente sua atuação e relevância superestimando seu papel no Conselho. As pretensões de Brasil e Espanha foram recusadas pelo Conselho, em reuniões secretas, concorrendo com Polônia, Bélgica e China a assentos permanentes. Os responsáveis pela política exterior brasileira consideravam a participação do Brasil como não correspondente ao seu papel no concerto internacional, atitude oposta a dos condutores da política externa no momento pós-imperial que se concentraram apenas na atuação do país com seus vizinhos, negando convite russo a participação na I Conferência de Paz de Haia, como exemplo.

As negociações para o ingresso como membro permanente ganharam forma quando surgiu a expectativa de que o país não fosse reeleito, consequência do estabelecimento do princípio de rodízio para os assentos provisórios. Por ordens da chancelaria começou o país a dialogar com as potências em conjunto com a Espanha, porém a ameaça de uma ampliação dos assentos permanentes que incluísse somente a Alemanha preocupou os demandantes.

O Brasil, em nome das Américas, lançou sua candidatura atuando junto ao Departamento de Estado norte-americano em busca de auxílio dos EUA com o argumento de que em sua ausência o país seria i único representante continental como membro permanente. O delegado do Brasil na Liga, Afrânio de Melo Franco, defendeu que seria o assento permanente que conferiria ao país o prestígio que merecia na Sociedade das Nações, fora isso apenas aos poderosos militar e economicamente caberia a importância no concerto internacional da época. Em março de 1924, Félix Pacheco, chanceler do governo Arthur Bernardes, estabelece como meta de sua gestão tal obtenção, criando representação permanente na Liga, seu chefe seria Melo Franco.[21]

Em razão de a Alemanha contar como certa sua integração, era contrária a qualquer reforma no Conselho Executivo antes de seu próprio ingresso. Em setembro de 1924, a Alemanha consultou o Brasil sobre seu ingresso, recebeu como favorável a opinião brasileira que apoiava, entretanto considerou a discussão conveniente no foro, não bilateralmente, ressalvando que desejava também assento semelhante.[22]

Da chancelaria brasileira partiu o último suspiro após perceber dificuldades e restrições dos outros países ao ingresso do Brasil e não ao da Alemanha, Afrânio de Melo Franco recebeu instruções para vetar a entrada da Alemanha se o Brasil fosse contemplado igualmente, atitude próxima a tomada pela Espanha que anunciara que o ingresso da Alemanha correspondia à saída da Espanha de todo o sistema da SDN. O Brasil defendia representar toda a América no Conselho, que não era perfeito, porém poderia ser mais representativo com sua presença, o Itamaraty acreditava, todavia a falta de articulação com os latino-americanos foi peso que contribuiu para o não êxito, tendo países do continente se posicionado contra o ingresso do Brasil.[23]

Enquanto esta situação diplomática ocorria, a imprensa internacional, com ênfase na europeia, repercutia a obstinação brasileira se posicionando contrária e acusando até de chantagem, agravando ainda mais a crise. Neste ponto Arthur Bernardes era irredutível, instruindo Afrânio de Melo Franco a vetar o ingresso alemão, ao qual o delegado não parecia concordar.[24]

---

[21] Ibid., p. 223.
[22] Fernando de Mello BARRETO, op. cit., p. 72.
[23] Ibid., p. 75.
[24] Ibid., p. 77.

No mês de março de 1926 o chefe da delegação brasileira sustenta o veto ao ingresso da Alemanha, responsabilizando as potências signatárias do Tratado de Locarno por tratarem do assunto a portas fechadas, e não no Conselho e na Assembleia de modo aberto. Na reunião do Conselho, em 10 de junho de 1926, é comunicada a renúncia do país ao assento temporário; dois dias depois Félix Pacheco comunicaria ao Secretário-Geral a retirada brasileira da Liga das Nações. A manifestação brasileira expôs a pouca representatividade do Conselho, a doutrina das grandes potências sobre os países menores e a preponderância da força invés do Direito Internacional, uma liga de potências predominantemente europeia. A Espanha deixou a organização em 07 de setembro, quando lhe foi negado assento em proveito da Alemanha.[25]

A saída do Brasil e da Espanha figurou como insucesso da Liga e perda significativa para a manutenção da paz. Antes do desfecho tentou ainda assumir o lugar vago pelos Estados Unidos, que se opunham ao organismo, por fim, os cinco membros permanentes, em 1927, eram Reino Unido, França, Itália, Japão e Alemanha, países que entrariam em linha de colisão futuramente.

Ao analisar o aspecto doméstico da questão ressalva-se a forma como o governo brasileiro trabalhou o tema buscando angariar apoio interno e que "num gesto de incultura diplomática, privara-se de participar do organismo de Genebra" (Amado Cervo e Clodoaldo Bueno, 2008, p. 227).

O Conselho, sob a presidência do colombiano Francisco José Urrutia, formulou apelo a Brasil e Espanha de retorno em março de 1928, entretanto, Hildebrando Accioly opinou contra o retorno, cabendo a Octavio Mangabeira, chanceler à época, ratificar sua retirada como membro da Liga das Nações. Todavia, permaneceu em cooperação com o organismo e dos organismos sob sua guarda, como a Organização Internacional do Trabalho, ademais de Epitácio

---

[25] Ibid., p. 78.

Pessoa ter sido mantido como juiz da Corte Internacional de Justiça.[26] Interessante, também, que o Brasil permaneceu colaborativo aos propósitos da organização, prestigiando os órgãos da Liga das Nações e pagando sua contribuição anual, demonstrando seu real apreço e qualidade de política exterior com o multilateralismo[27].

---

[26] Ibid., p. 82.
[27] Amado Luiz CERVO, *Inserção Internacional*, p. 94.

2. BRASIL NA SEGUNDA GUERRA MUNDIAL

2.1. Movimentação Prévia

O primeiro período de Getúlio Vargas se estendeu da crise econômica mundial, no início da década de 1930, até o final da Segunda Guerra Mundial, período fértil e de inovações na formulação de política exterior brasileira. É durante o Estado Novo, a partir de 1937, que a atuação brasileira ganha posição ativa com as oscilações, até 1942, entre o Eixo e os Aliados, o que se convencionou tratar como "equidistância pragmática"[28], ou seja, o jogo entre EUA e Alemanha visando ganhos para o desenvolvimento nacional.

O jogo entre a nação europeia e nação americana em busca de apoio, em especial de recursos, por parte do Brasil, teve Getúlio Vargas se aproveitando dessa posição como barganha para seu projeto nacional. Era preocupação norte-americana evitar que o país ficasse na órbita alemã, atitudes posteriores tomadas pelo governo brasileiro tranquilizaram os Estados Unidos, a presença de Oswaldo Aranha (favorável aos EUA) no Ministério das Relações Exteriores e a crise com a Alemanha contribuíram para isso.

Nos anos de 1935 e 1941 o Brasil procurou tirar proveito da competição entre os dois blocos de poder com a já referida "equidistância pragmática", permitindo-lhe tirar vantagens comerciais importantes. Dentro do próprio governo existiam duas frentes, uma pró-Eixo, outra pró-Aliados, esta última era defendida pelo ministro Oswaldo Aranha, entretanto, Vargas preferiu manter a neutralidade o máximo possível. Getúlio Vargas tinha interesse na construção de uma usina siderúrgica e a reorganização das Forças Armadas, enquanto isso os Estados Unidos procurava fazer frente ao crescente incremento das relações

---

[28] Ver Gerson MOURA, *Autonomia na dependência*.

comerciais Brasil-Alemanha, buscando adesão e neutralizar a influência alemã, se destacando, ademais, por seu pragmatismo.

O Brasil, já no início do Governo Vargas (1934), iniciava seu jogo com questões comerciais, a despeito, por exemplo, de pressões do governo americano para a celebração de acordo comercial, com atenção especial no café. Autoridades alemãs negociavam, *pari passu*, a possibilidade de escambo de bens primários por bens industriais, possibilitando a chegada de máquinas industriais alemãs, entre outros, ao Brasil, que enviaria café, cacau, borracha e algodão.

Em 1935, sob o sucesso das negociações comerciais com os Estados Unidos, o ministro da Fazenda Arthur Souza Costa assina acordo de comércio recíproco com os Estados Unidos. Assim, tornando o Brasil o primeiro país a assinar acordo de comércio recíproco com o governo norte-americano, em programa criado na gestão Roosevelt.[29]

O Eixo Roma-Berlim é constituído em 1936, mesmo ano em que a legação alemã no Rio de Janeiro é elevada à categoria de embaixada, simbolizando a aproximação brasileira do Eixo, ademais, ter iniciado cooperação anticomunista após a Intentona Comunista, no ano anterior, demonstrando interesse de Getúlio Vargas pelo nazi-fascismo. É assinado, ainda em 1936, o acordo teuto-brasileiro com vistas a colocar bens primários no mercado alemão, cujas trocas gerariam acumulação de marcos alemães; tendo a Alemanha sugerido que fossem aproveitados para a compra de material bélico.

Preocupados com a aproximação da Alemanha a países latino-americanos, os Estados Unidos realizam a Conferência Pan-Americana de Buenos Aires, visando consolidar a paz no hemisfério ocidental. Na ida para Buenos Aires, Franklin D. Roosevelt visitou o Brasil, alertando sobre um possível conflito na Europa a Getúlio Vargas, que tratou da criação de uma usina siderúrgica no Brasil e compra de armamentos norte-americanos. Na Conferência Pan-

---

[29] Fernando de Mello BARRETO, op. cit., p. 101.

Americana foi proposta pelos EUA a consulta entre Estados americanos em caso de conflito interamericano e ameaça externa, porém, com consulta no caso de ameaça à paz – resolução proposta pelo Brasil – e a convicção de Vargas quanto ao *destino continental* do país.[30]

Em 1937, Oswaldo Aranha, ainda embaixador do Brasil em Washington, propusera tratativas brasileiras com o governo Roosevelt com o objetivo de convencer os Estados Unidos da necessidade de renovar acordo com a Alemanha e de ser a dívida brasileira contraída com os Estados Unidos tratada separadamente da contraída com os europeus, a que obteve êxito. Também encaminhara carta ao secretário de Estado Cordel Hull pela qual o Brasil se comprometeu a empreender esforços para desestimular as importações provenientes da Alemanha.

No dia 6 de novembro de 1937, a Itália juntou-se ao pacto anticomunista entre Alemanha e Japão, e, no dia 10, se instalou o Estado Novo com golpe de estado de Getúlio Vargas, em clima mundial de crescimento dos governos autoritários. O Itamaraty logo considerou o golpe assunto interno em encaminhamento de nota circular às missões diplomáticas estrangeiras no Rio de Janeiro. Notificou os Estados Unidos, através do embaixador Jefferson Caffery, assegurando-lhe da necessidade do meio para prevenir uma revolução. Posteriormente, o embaixador brasileiro em Washington, Oswaldo Aranha, pediu demissão do cargo.

O golpe de Estado, além da saída de Oswaldo Aranha, levou a interrupção dos esforços para o estabelecimento de empresas norte-americanas para o estabelecimento de um programa siderúrgico no Brasil, por parte dos Estados Unidos. Na imprensa alemã, todavia, noticiou-se o golpe com entusiasmo,

---

[30] Ibid., p. 105.

enquanto que a imprensa norte-americana alertava para a ascensão do fascismo no hemisfério ocidental.[31]

A Alemanha, no decorrer dos acontecimentos, firmara contrato com as Forças Armadas brasileiras, através da fábrica Krupp, para o fornecimento de material bélico, além de outros aparelhos, ademais das consultas com a empresa alemã para construção de usina siderúrgica. Entretanto, após a posse de Oswaldo Aranha, em 1938, como ministro das Relações Exteriores, o governo brasileiro respondeu a acusações de aprisionamento de agentes nazistas no país, proibiu a atividade de partidos políticos estrangeiros, entre outras mudanças. Os sinais dados pelo Itamaraty de alterações continuaram, e se agravaram com o *putsch* integralista, no mesmo ano.

É fato, porém, que a parceria comercial Brasil-Alemanha só aumentava, resultando, em 1938, na superação alemã como principal país fornecedor do Brasil, que ocupara o segundo lugar no mesmo ano entre os destinatários de produtos brasileiros, logo após os Estados Unidos.[32]

No ano de 1939, com a situação na Europa se agravando, o Brasil mantinha sua neutralidade, apesar do poder de atração norte-americano caso o conflito aumentasse. Oswaldo Aranha visitou Washington para tratar de assuntos dos mais variados, em encontro com o presidente Roosevelt este prometeu suprimento de material de defesa, realçando a necessidade de bases no nordeste do país. Com a eclosão da guerra na Europa, no dia 2 de setembro, o país promulgou regras de neutralidade.

A neutralidade foi por várias vezes de difícil manutenção em razão de pressões alemãs, além do torpedeamento de navios próximo do litoral brasileiro, contudo, estabelecida como princípios de neutralidade continental na Conferência Pan-Americana do Panamá, não raro colocados em risco.

---

[31] Ibid., p. 108.
[32] Ibid., p. 115.

Com o aumento da preocupação americana em relação a Brasil e Alemanha, o tema da siderurgia ganhava mais atenção em 1940, além da discussão das bases de Natal e Fernando de Noronha que interessavam aos americanos em razão da proximidade com a costa africana. O embaixador americano, Jefferson Caffery, recebeu declaração de apoio de uso das bases, desde que o país recebesse em troca ajuda militar, ao qual respondeu se condicionar à existência de material excedente e ao deslocamento de tropas brasileiras do Sul para o Nordeste, tendo o Brasil não concordado.[33]

Em demonstração do pragmatismo de Getúlio Vargas, e de suas possíveis frustrações com a atitude norte-americana, pronunciou discurso a bordo do encouraçado *Minas Gerais* ao qual demonstrava condicionar o papel brasileiro no pan-americanismo ao desenvolvimento nacional. Preocupados, os americanos concedem acordo de assistência técnico-financeira para o estabelecimento de complexo siderúrgico e é criada Comissão Mista Brasil - Estados Unidos.[34]

O Brasil veio a se aproximar ainda mais dos Estados Unidos em 1941, quando em abril foram estabelecidas facilidades a concessão à Marinha de guerra americana nas operações na costa brasileira, além de Vargas ter recebido o presidente do *Export Import Bank* americano, Warren Pierce, para discutir condições de crédito para compra de material bélico e da venda de minérios que serviriam como forma de pagamento. Naquele mesmo mês os Estados Unidos assinaram acordo de fornecimento de armas ao país, ademais da concessão de crédito para compra de equipamento bélico americano. Conforme os avanços de Rommel no Norte da África, ficava evidente a ameaça ao hemisfério ocidental, ratificando alertas da Secretaria de Estado norte-americana e da Defesa quanto ao alcance dos alemães nas Américas.

Franklin D. Roosevelt, em maio, alertou seu país para o perigo da guerra se estender ao Senegal, Açores e a Cabo Verde, logo, a menos de dez horas do

---

[33] Ibid., p. 124.
[34] Ibid., p. 128.

Brasil, tornando público o interesse dos militares norte-americanos por bases navais e aéreas no nordeste do Brasil, com intuito de defesa hemisférica contra invasões germânicas vindas da costa ocidental da África. A cooperação concreta aparece ainda em maio, com a aprovação de 20 milhões de dólares para a compra de equipamento e instalação de siderúrgica brasileira, colocando o Brasil como fornecedor de minérios exclusivamente para os Estados Unidos, dentro de limites estabelecidos. O embaixador Caffery, instruído por Washington, consulta Vargas sobre o caso de os Estados Unidos virem a ingressar no conflito mundial, ao qual recebe posição favorável de apoio brasileiro.[35]

Em agosto de 1941, no Canadá, Winston Churchill e Roosevelt acordam a *Carta do Atlântico*, afirmando não possuírem interesses de reivindicação territorial e propondo o desarmamento de nações agressoras.

O Brasil, naquele ano, assume uma posição de aproximação aos Aliados, conforme as ações americanas passavam a agradar aos interesses do país, conforme os planos de desenvolvimento de Getúlio Vargas. Em posição contrária estava a Argentina, que não parecia se opuser ou se manifestar contra as ações do Eixo.

Naquele ano o Brasil e os Estados Unidos assinam o Acordo de Empréstimo e Arrendamento, com base no *Lend and Lease Act*, com o comprometimento americano de fornecer até 100 milhões de dólares de equipamentos militares em três anos. Conquanto a aproximação americana ao governo brasileiro, não parecia à Alemanha e à sua embaixada no Rio de Janeiro que o país não mais colaboraria ou estreitaria suas relações até o ataque japonês a Pearl Harbor, Havaí. A partir deste evento o Eixo se veria cada vez mais cerceado em suas relações com o Brasil, a começar pela manifestação de Vargas ao apoio brasileiro e solidariedade continental aos Estados Unidos, enquanto que

---

[35] Ibid., p. 132.

Oswaldo Aranha esclarecia aos embaixadores latino-americanos que o ataque aos Estados Unidos era, também, contra todo o Hemisfério, manifestando traços de sua política continental.

Daí, o Brasil inicia uma ampliação de convivência militar conjunta mais forte, permitindo que aeronaves americanas utilizassem bases aéreas no Norte e Nordeste, a pedido de Roosevelt, além do envio de técnicos militares para preparo das bases. A aproximação gerava dividendos com a melhoria da balança comercial e seus respectivos saldos, mediante, também, da troca do destino das exportações brasileiras da Europa para os Estados Unidos, contudo, a metade do capital estrangeiro investido no Brasil ainda tinha origem no Reino Unido.

Ao despontar de um novo ano é assinada a *Declaração das Nações Unidas,* em 1º de janeiro de 1942, a qual 26 países aliados assinaram, em Washington, porém o Brasil não aderira, ainda. A importância deste documento é de primordial importância para a compreensão das movimentações da guerra, seu resultado e a formação da Organização das Nações Unidas, como pode se entender estrutura dos vencedores perante os vencidos e destaque da criação por parte das potências aliadas, sobremaneira os Estados Unidos.

2.2. Rompimento com o Eixo

Dentro da cooperação entre Brasil-EUA, é sediada no Rio de Janeiro a Conferência Pan-Americana, pondo em teste a posição brasileira a qual se provou apoiadora dos interesses continentais, e acima de tudo das propostas americanas, porém buscando atuar com Argentina e Chile, buscando apoio dessas nações que se opunham à proposta americana de resolução sobre o rompimento imediato das relações com o Eixo, votou-se resolução que apenas recomendava o rompimento. A Argentina não concordava com o rompimento direto e a possível formação de uma aliança militar, mantendo a neutralidade por dificuldades de governo no plano interno, enquanto que o Chile temia ataques japoneses em seu litoral. Ao final da Conferência, em razão da promessa de reequipamento das Forças Armadas por parte dos americanos e após negociações com Warren Pierce, presidente do *Export Import Bank*, que asseguravam financiamentos para a infraestrutura nacional e projetos estratégicos, o Brasil anuncia, em 28 de junho de 1942, o rompimento das relações diplomáticas e comerciais com Alemanha, Itália e Japão, de forma rápida.

Em consequência das ações brasileiras na Conferência, a colaboração entre Brasil e os Estados Unidos culminaria na participação brasileira no conflito junto aos Aliados; à Argentina restou a resposta de não entrega de material bélico dos Estados Unidos, sob condição de entrega apenas com a modificação de sua posição amistosa ao Eixo em favorável aos Aliados. A colaboração brasileira aos norte-americanos, não raro, sofreu alguns atritos, em razão do governo brasileiro obstar a entrada de militares americanos e de maior colaboração em troca de efetivo cumprimento dos termos todos acordados, resistindo sempre à ideia de forças norte-americanas no território nacional.

Após o rompimento de relações diplomáticas com os países do Eixo não tardou o início dos ataques a embarcações brasileiras por submarinos do Eixo, tanto italianos quanto alemães, o que levou a embaixada brasileira em Washington a realizar gestões para a rápida remessa de material bélico e proteção para a marinha mercante nacional. O Alto Comando Naval Alemão, em meio aos protestos brasileiros e às atividades da Marinha de Guerra americana no Atlântico Sul, emitiu ordens para que os submarinos atacassem sem prévio aviso quaisquer naves sul-americanas, exceto os da Argentina e Chile.[36] Em 16

---

[36] Ibid., p. 141.

de junho, Hitler decide lançar uma *blitz* submarina contra o Brasil, agravando ainda mais a situação da marinha mercante brasileira.

Os torpedeamentos contra navios brasileiros geraram o ingresso na guerra contra a Alemanha, além de causar o estreitamento das relações pessoais de Roosevelt e Vargas. Com o reconhecimento do estado de beligerância no dia 21 de agosto, não uma declaração de guerra, em tradição a nunca declará-la, causava desconfortos de interpretação aos americanos, todavia a questão veio à resolução em 31 de agosto com a declaração de estado de guerra.

Nos exaustivos pedidos de armamentos e auxílio ao reequipamento das Forças Armadas brasileiras aos Estados Unidos, o governo brasileiro alegava a importância que seu território possuía como estratégia tanto alemã quanto norte-americana, ou seja, invasão alemã do Norte da África ao Brasil ou como base de partida dos norte-americanos para alcançar a África. A primeira parecia mais preocupante para o governo dos Estados Unidos e para sua população antes do ataque ao Havaí e sucessivo ingresso no conflito mundial, a segunda ganhara importância com as movimentações de Rommel e suas tropas em território africano. Após a batalha de *El Alamein* as forças aliadas tomam o controle do Norte da África, com isso aquele temor era relegado, mas se reconhece o papel das bases aeronavais brasileiras para a vitória da operação.

Em 1943 a situação do Eixo começa a se tornar desfavorável e Roosevelt se encontra com Churchill e De Gaulle em Casablanca com vistas a tratar a estratégia de guerra, no retorno de Casablanca visita o Brasil e trata com Vargas sobre a participação brasileira na guerra e nas Nações Unidas. Deste encontro surge a possibilidade de o Brasil possuir assento permanente no Conselho da futura organização, no mesmo período o país assinou a Carta do Atlântico e a Declaração das Nações Unidas.

A FEB é constituída, dentro desse período, sob a condição de fornecimento de armas e treinamento por parte dos militares norte-americanos, realizando grande desejo do governo brasileiro em participar do conflito mundial e paralelamente ganhar a visibilidade que lhe era desejado.

Os primeiros destacamentos da FEB partiram para a Europa em meados de 1944, sob comando do general Dwight Eisenhower, contudo, em razão da troca de comando para os britânicos, foi necessário que Edward Stettinius e Cordel Hull realizassem gestões junto ao governo de Sua Majestade com o objetivo de convencê-los da necessidade de participação brasileira.[37] Esta atitude foi em muito diferenciada, pois relegara a participação de outro país latino-americano, o México, sob o argumento dos custos dessa operação serem maiores que suas utilidades.

Em Dumbarton Oaks, no ano de 1944, as grandes potências se reuniram para discutir a nova organização mundial, não foram convidados países latino-americanos. Entretanto, naquela reunião, Roosevelt favoreceu a posição brasileira como membro permanente, todavia a oposição de britânicos e russos foi clara, argumentando que só às potências caberia esta importância.

No ano seguinte, em Ialta, Roosevelt voltou a tratar do assunto, demonstrando a importância do Brasil por extensão territorial e população, a resposta negativa de Stalin se baseou nas relações inexistentes que a União Soviética tinha com o Brasil. Após Vargas ter recebido pedidos de reatamento de Roosevelt e do próprio Itamaraty, as relações foram reestabelecidas, pois canceladas em 1918, permitindo a negociação de uma organização mundial e seu Conselho de países.

É evidente a importância de Franklin D. Roosevelt para as relações internacionais do Brasil durante o governo Vargas, mais evidente quando se assiste ao seu papel como agente interlocutor da matéria da criação da ONU e do Conselho de Segurança. Roosevelt era de vital importância para o salto de

---

[37] Ibid., p. 150.

desenvolvimento e reconhecimento a que almejava o Brasil, com seu falecimento em 12 de abril, perdia o Brasil seu grande aliado em Washington[38].

Com o fim da guerra no ano de 1945 e as negociações para a criação das Nações Unidas, passou o Brasil a se preocupar com sua nova e possível forma de inserção internacional, a Organização das Nações Unidas e seu Conselho de Segurança, buscando ter sua atividade exercida durante o conflito reconhecida. A participação no cenário de guerra do Mediterrâneo tanto com forças terrestres quanto aéreas restou como grande dividendo ao país, ademais o aumento do prestígio internacional, sobretudo o acréscimo do componente de orgulho nacional. Gerou-se, contudo, grande controvérsia interna no país a luta contra o Totalitarismo, em governo nitidamente autoritário, causando a queda de Vargas por golpe dos chefes militares.

---

[38] Ibid., p. 158.

3. A FORMAÇÃO DAS NAÇÕES UNIDAS

Ainda durante o confronto militar as potências se reuniram com o desejo de formarem uma organização "policial" de caráter mundial para assegurar a paz, sempre assegurando sua existência entre outros, porém de forma que pudessem supervisionar os desígnios dos cenários futuros e da coexistência, se não pacífica, controlada. Em janeiro de 1942, como já visto, foi firmada a Declaração das Nações Unidas, para combater os países do Eixo. Na Conferência de Moscou, em 1943, Estados Unidos, União Soviética e Reino Unido definiram que o mundo deveria ser organizado sob a égide de uma estrutura que primasse pela igualdade soberana entre os Estados e destinada à manutenção da paz. As reuniões posteriores de Dumbarton Oaks e Ialta formataram a proposta de elaboração da Carta das Nações Unidas.

A Liga das Nações realizou sua última reunião em Genebra e transferiu seus ativos para as Nações Unidas, em abril de 1945, antes do início da Conferência das Nações Unidas em São Francisco. Na histórica Conferência de São Francisco, viram-se os Estados Unidos representados por Harry Truman, sucessor de Roosevelt como presidente.

Os países, futuros signatários originários, enviaram suas delegações a São Francisco preocupadas em dar a seus países e respectivas regiões a maior representatividade possível, dentro da estrutura do multilateralismo, almejando, todavia, a criar uma organização evidentemente diferente das alianças fracassadas de outrora.

A delegação brasileira defendeu a universalidade das Nações Unidas e o princípio da não intervenção nas questões internas, a respeito do Conselho defendera assentos não permanentes. E oposição à proposta brasileira, o México apresentara sugestão que consistia em doze membros, seis dos quais rotativos e outros seis restantes como semipermanentes.

O ministro Leão Velloso procurara Stettinius para tratar sobre a possibilidade de assento permanente para o Brasil no Conselho de Segurança da nova organização, ideia proposta por Roosevelt. O secretário de Estado respondeu que iria levar o assunto à discussão em encontro fechado entre os chefes das delegações dos grandes quatro países, quais sejam, Estados Unidos, Reino Unido, União Soviética e China, autores do plano. Sendo criada uma sexta vaga, Stettinius defenderia que a vaga fosse do Brasil, conforme intenção do próprio presidente Roosevelt enquanto vivo.

Durante a realização da Conferência, em 23 de maio, o ministro Leão Velloso recebe a informação de Nelson Rockfeller de que não será atendido o pleito do país de um assento permanente no Conselho de Segurança, pedido brasileiro que muito lhe seria negado em razão de não quererem as potências que o assunto fosse reaberto durante a Conferência[39]. Muito provavelmente devido à dificuldade que o assunto causaria se fosse tratado na presença de vários países reunidos, como já fora visto durante a criação da Liga das Nações e prática casual em reuniões multilaterais de grande representação, em que a prática costuma demonstrar que os países elaboradores de propostas negociam entre si e depois buscam parceiros em blocos menores, com sua posterior publicação das propostas e seguinte votação.

No caso em espécie, as potências trouxeram seu plano de ordem mundial após discussões e choques internos, tais como linhas duras de Stalin e Churchill, este último de fundamental importância para a inserção da França como quinto membro permanente, sob o medo de que duas nações do hemisfério ocidental tivessem muito poder, enquanto o primeiro temia a existência de forças capitalistas com poder de veto sobre a União Soviética. Parecia, então, que a ideia de critério geográfico tinha maior relevância sob outros critérios, com atitude de Churchill em atribuir peso europeu com a inserção da França

---

[39] Ibid., p. 160.

derrotada naquele concerto e o apoio dos Estados Unidos à China com objetivo de atribuir segurança à Ásia, situação caricata quando se pensa no estágio de revolução que a China passaria, substituindo Chang Kai-shek por Mao Zedong[40].

A substituição do secretário de Estado Cordel Hull por Edward Stettinius também parece ter contribuído para a dificuldade brasileira em alcançar um assento permanente. Cordel Hull e Roosevelt formavam dupla favorável aos interesses brasileiros em Washington, um na Secretaria de Estado formulando a política externa norte-americana com olhos voltados ademais no Brasil e em sua importância no jogo hemisférico ocidental, o outro na Presidência dos Estados Unidos, com o poder de alterar as formulações das demais secretarias de governo e direcionar as posições do Departamento de Defesa ao encontro dos anseios do país sul-americano. Stettinius e Truman, pelo contrário, se interessaram pelos assuntos asiáticos e do Pacífico com atenção superior aos assuntos atlânticos, consequentemente alterando a visão que o governo norte-americano poderia ter da importância do Brasil, e até mesmo da América Latina. Assim, viu o Brasil ter sua álea alterada de forma surpreendente com a morte de Franklin D. Roosevelt e a ascensão de seu vice-presidente na direção dos Estados Unidos, confrontando visões e alterando paradigmas.

A mudança de atitude norte-americana de fato não existiu o que ocorrera foi apenas uma visão muito menos acentuada da posição atlântica e a preocupação dos desígnios da guerra e suas consequências no planeta, dando ênfase a seus interesses considerados imediatos, e substituindo polos de poder auxiliares por polos mais relevantes, como a ascensão chinesa em face do papel exercido pelo Brasil enquanto integrante das forças aliadas. Estas preocupações, representantes da visão estratégica norte-americana padrão, mais característica de um realismo nas relações internacionais, condiziam com a situação final de

---

[40] Ver José Roberto de ALMEIDA PINTO, *A possibilidade de ampliação do Conselho de Segurança das Nações Unidas e a posição do Brasil.*

guerra no Pacífico, enfraquecimento do Japão, secessão da Coreia e substituição de poder na região.

A leitura, porém, do Reino Unido e de seu Primeiro-ministro Churchill preocupado com o critério geográfico e ascensão dos Estados Unidos, além da perda de seu poder imperial, é figurante da estratégia das potências que temem a perda ou esgotamento de seu status político-militar-financeiro, não podendo mais impor suas vontades no concerto das nações e formular um direito internacional que lhes favoreça. Desta forma, o Reino Unido, já em Dumbarton Oaks, se opunha claramente ao ingresso de um país latino-americano no assento permanente da organização internacional para não fortalecer as Américas e deixar à Europa apenas uma força de proteção capitalista, além de relegar a França, potência colonial. Pois também se pensava no conceito de membros permanentes como policiais da ordem internacional em suas regiões, sob outro conceito que viria a existir e prevalecer nos momentos de aparente falência do sistema onusiano, qual seja, as organizações de proteção regional como a Otan.

A União Soviética via a proposta norte-americana de acréscimo ao grupo de mais uma nação, em especial do Hemisfério Ocidental, como um aliado natural dos Estados Unidos, apesar de todas as iniciativas brasileiras de bem se dispor com a União Soviética, como o reatamento das relações diplomáticas. Para Stalin o risco de permanecer isolado entre as nações capitalistas parecia ser muito alto[41].

Da atuação do Brasil parece que a questão foi substituída pela preocupação com a Argentina, não mais insistindo no ponto do Conselho, porém agora atuando com ênfase na inserção da Argentina como membro originário das Nações Unidas, em razão de os Estados Unidos e outras nações não considerarem a atuação argentina como a mais correta durante todo o período de

---

[41] Ver Eugênio Vargas GARCIA, *Sexto membro permanente: o Brasil e a criação da ONU*.

conflito mundial, a considerando demais ambígua em relação ao Eixo[42]. O governo brasileiro atuou além das matéria argentina, em busca de ver o apoio de seus vizinhos e do México em caso de possível negociação para ampliação do plano de Conselho de Segurança.

Não conseguindo tornar-se membro do Conselho de Segurança das Nações Unidas, pelas razões expostas, o Brasil então se colocou como um opoente ao conceito de Veto e à concessão do direito de veto como tratada nas reuniões em Ialta e trazida pelos Aliados na Conferência de São Francisco. O Veto era impopular entre os Estados representados à Conferência, em especial por ser direito aplicável a todo e qualquer propósito elementar, tal como uma simples resolução, além de ferir a possibilidade de existência de uma possível igualdade jurídica entre os Estados, o que já acontecia com a existência de uma estrutura de nações que estariam "perpetuamente" a observar os passos das outras nações como policiais à vigia, numa estrutura de mecanismo de segurança da paz, que, contudo, poderia ser utilizada para fins não próprios para a paz ou se ver congelada pela própria estrutura, como viria a ocorrer futuramente.

O Brasil após se opor ao veto, pois também iria de encontro a formas mais rápidas de solução dos conflitos, na sua visão, apresentou o desejo de auxiliar o êxito da Conferência se necessário seu voto favorável em caso de votação da maioria da assembleia. Entretanto se reservaria a votar favorável ao veto desde que fosse, a Carta, revisada em prazo fixado[43]. Encerrada a Conferência, ficou o Brasil sem seu assento permanente no Conselho de Segurança, não dispondo, portanto, dos resultados a que se esforçara e almejara, assim *"se o capital político acumulado pela cooperação de guerra fosse acionado com realismo, estaria aconselhado à diplomacia brasileira o posto permanente no Conselho de Segurança ou o ingresso na Otan"*[44].

---

[42] Celso AMORIM, *Celso Amorim: Conversas com jovens diplomatas*, p. 439.
[43] Fernando de Mello BARRETO, op. cit., p. 161.
[44] Amado Luiz CERVO, op. cit., p. 97.

A despeito dos resultados obtidos ou não na Conferência de São Francisco, a primeira reunião preparatória das Nações Unidas, em janeiro de 1946, ficou marcada para o Brasil como reconhecimento simbólico de seu papel e decorrente de álea curiosa e criatividade da delegação brasileira. Diante de impasse entre os Estados Unidos e a União Soviética, o Secretariado, presidido pelo norueguês Trigve Lie recém-eleito, solicitou ao delegado brasileiro embaixador Cyro de Freitas-Valle que inscrevesse como primeiro orador, o Brasil[45]. Daí criou-se a tradição de ser o primeiro Estado a discursar no debate geral da Assembleia Geral anualmente. O Brasil, ademais, foi eleito como membro temporário do Conselho de Segurança das Nações Unidas, e discursou recordando sobre sua vocação pacifista. As relações Brasil - Estados Unidos foram de primordial importância para a consecução do objetivo de ser eleito membro temporário no Conselho de Segurança, o que posteriormente foi usado por Moscou como crítica aos votos brasileiros na Organização das Nações Unidas.

A reforma que passou o Conselho de Segurança das Nações Unidas após sua criação ocorreu apenas na década de 60, durante a Guerra Fria, nos anos de 1963 e concluída em 1965. Decorrente do processo de ratificação da Carta, em que o aumento de membros no Conselho de Segurança resultou em quinze, de uma quantidade de onze.

A matéria ficaria congelada durante toda a Guerra Fria, porém reapareceria, ao menos por parte do Brasil, com o governo Sarney em seu último discurso naquela Assembleia Geral. Porém, a Guerra do Golfo, em um mundo pós guerra-fria, ressuscitaria o tema colocando-o na agenda ativa das Nações Unidas[46].

---

[45] R. Saraiva GUERREIRO, *Lembranças de um empregado do Itamaraty,* p. 41.
[46] Celso AMORIM, op. cit., p. 440.

4. A ORGANIZAÇÃO DAS NAÇÕES UNIDAS E O CONSELHO DE SEGURANÇA

Com seus objetivos e fundamentos, trataremos de forma breve acerca das Nações Unidas como organização voltada para a promoção da paz e dos objetivos previstos em sua Carta, logo, então, passaremos à análise tema desta pesquisa, o Conselho de Segurança.

4.1 Objetivos

Os objetivos da ONU foram estabelecidos no artigo I da Carta das Nações Unidas e são os seguintes:

- manter a paz e a segurança internacionais e, para esse fim: tomar coletivamente, medidas efetivas para evitar ameaças à paz e reprimir os atos de agressão ou qualquer ruptura da paz e chegar, por meios pacíficos e de conformidade com os princípios da justiça e do Direito Internacional, a um ajuste ou solução de controvérsias ou situações que possam levar a uma perturbação da paz;

- desenvolver relações amistosas entre as nações, baseadas no respeito ao princípio da igualdade de direitos e de autodeterminação dos povos, e tomar outras medidas apropriadas ao fortalecimento da paz universal;

- conseguir uma cooperação internacional para resolver os problemas internacionais de caráter econômico, social, cultural ou humanitário, e para promover e estimular o respeito aos direitos humanos e às liberdades fundamentais para todos, sem distinção de raça, sexo, língua ou religião;

- ser um centro destinado a harmonizar a ação das nações para a consecução desses objetivos comuns.

A Organização das Nações Unidas tem de agir pelos seguintes princípios (art. 2º da Carta da ONU):

- todos os seus integrantes são iguais entre si;

- as obrigações decorrentes da Carta da ONU deverão ser cumpridas de boa-fé;

- as controvérsias internacionais deverão ser solucionadas por meios pacíficos, de modo que não sejam ameaçadas a paz, a segurança e a justiça internacionais;

- deverão ser evitadas, nas relações internacionais, a ameaça ou o uso força contra a integridade territorial ou a independência política de qualquer Estado, ou qualquer outra ação incompatível com os propósitos das Nações Unidas;

- os membros da ONU darão aos Estados toda a assistência em qualquer ação a que eles recorrerem de acordo com a Carta da ONU e não darão auxílio a Estados contra os quais as Nações Unidas agirem de modo preventivo ou coercitivo;

- a ONU fará com que os Estados que não são membros das Nações Unidas ajam de acordo com seus princípios em tudo quanto for necessário à manutenção da paz e da segurança internacionais;

- a soberania nacional deverá ser respeitada, pelo que as Nações Unidas não estão autorizadas a intervirem em assuntos que dependam essencialmente da jurisdição de qualquer ente estatal nem a obrigar os membros da Organização a submeterem tais assuntos a uma solução, nos termos da presente Carta, sem prejuízo, porém, da possibilidade de ação contra Estados que representem ameaça à paz.

Em parte pelo entendimento da ONU, suas atividades são pautadas pela observação de determinadas medidas, formadas de viver, ou seja, condições de vida e de respeito aos direitos humanos. Desta forma, com o objetivo de criar as melhores condições de estabilidade e de bem-estar necessárias às relações pacíficas e amistosas entre os povos, as Nações Unidas deveram favorecer:

a) níveis mais altos de vida e de trabalho efetivo e condições de progresso e desenvolvimento econômico e social;

b) a solução dos problemas internacionais econômicos, sociais, sanitários e conexos;

c) a cooperação internacional, de caráter cultural e educacional;

d) o respeito universal e efetivo dos direitos humanos e das liberdades fundamentais para todos, sem distinção de raça, sexo, língua ou religião.

A existência da Organização das Nações Unidas, mesmo com toda sua abrangência nas figuras internacionais com personalidade jurídica, não restringe a existência de outros acordos ou entidades regionais, como veio a ocorrer com a Otan, o Tiar nas Américas etc., destinadas a promover a manutenção da paz e da segurança internacionais, desde que suas atividades sejam compatíveis com os propósitos e princípios das Nações Unidas.

Seu modelo internacional fundado na restrição do uso da força, na solução pacífica de controvérsias e no respeito a todos os homens. Com sua criação, o Direito Internacional deixa de ser um mero fator de equilíbrio entre os Estados, guardando apenas questões políticas e estratégicas, posteriormente, passa a tratar de um número crescentemente diverso de matérias, referentes à situação de um número cada vez maior de atores. Por fim, a ONU veio a consolidar uma série de noções fundamentais para as relações internacionais da atualidade, como a autodeterminação dos povos, a proibição do uso da força nas relações internacionais, a solução pacífica das controvérsias e a atribuição de prioridade à proteção dos direitos humanos, esta última em muito em preocupação com os atos praticados no conflito mundial.

A ONU é uma das formas de se socorrer quando em emergências de um Direito comum a todos os membros da espécie humana, ou mesmo do aparecimento de um Direito além das nações, que disciplina tudo aquilo que ultrapassa as fronteiras dos entes estatais, abrangendo o comportamento do Estado, dos indivíduos e das organizações internacionais[47].

A admissão do Estado na Organização das Nações Unidas é efetivada por decisão de sua Assembleia Geral, mediante recomendação do Conselho de Segurança. Podem ser membros da ONU Estados que aceitem as obrigações contidas na Carta das Nações Unidas e que, a juízo da Organização, estejam aptos e dispostos a cumpri-las.

Todo Estado-membro da ONU é classificado conforme seu ingresso temporal, ou seja, se originário, os que assinaram a Declaração das Nações Unidas ou participaram da Conferência de São Francisco, e os admitidos, que aderiram à Carta das Nações Unidas em momento posterior.

Se um Estado-membro sofre qualquer ação, preventiva ou coercitiva, por ordem do Conselho de Segurança, tal Estado poderá, a pedido do Conselho de Segurança e mediante decisão da Assembleia Geral, ter suas atividades suspensas. Assim, o Estado fica vedado a exercer seus direitos e privilégios como membro da Organização das Nações Unidas, enquanto espera que seja cancelada sua suspensão por parte do Conselho de Segurança.

---

[47] Alberto do AMARAL JÚNIOR, *Manual do Candidato: Direito Internacional,* p. 232.

Quando há uma persistente série de violações aos princípios da Carta das Nações Unidas, esta prática pode acarretar em expulsão do Estado, decisão que será tomada pela Assembleia Geral, após recomendação do seu Conselho de Segurança.

Em razão das alterações de costume, práticas e da configuração mundial e visando seu não congelamento, a Carta da ONU poderá ser objeto de emenda, devendo ser aprovada pelo voto favorável de dois terços dos membros da Assembleia Geral, incluindo obrigatoriamente os cinco membros permanentes, também, do Conselho de Segurança.

4.2 Órgãos da ONU

Devido ao edifício posto que é a ONU e sua ampla cadeia de atividades, ela foi dividida em vários órgãos, sob regulação da própria Carta das Nações Unidas. Contudo, não podemos confundir outras organizações internacionais como se fossem estruturas existentes dentro do ente internacional ONU, pois não o são em razão de serem pessoas jurídicas internacionais outras, organismos internacionais com fins diversos, compartilhando, porém, certos princípios, valores e objetivos, dando então o caráter e formando o "Sistema das Nações Unidas", assim trabalhando em conjunto ou sob coordenação da Organização das Nações Unidas, como por exemplo a UNESCO.

O Secretariado-Geral é o principal órgão administrativo da ONU, e será chefiado pelo Secretário-Geral (SG), mais alto funcionário e representante da Organização. O Secretário-Geral é eleito pela Assembleia Geral, após a recomendação do Conselho de Segurança, num mandato de cinco anos, permitida recondução por período subsequente. Em respeito às normas internacionais, além de suas funções administrativas, o SG tem papel diplomático útil para o oferecimento de bons ofícios ou mediação para a solução de conflitos internacionais, o que lhe permite, também, chamar o Conselho de Segurança para que atue em qualquer assunto que considere poder ameaçar a manutenção da paz e da segurança internacionais.

4.2.1 Assembleia Geral

O órgão plenário da Organização das Nações Unidas, ou a face visível da ONU entre os povos, é a Assembleia Geral, que inclui todos os Estados-membros, dentro de uma estrutura pautada pela igualdade jurídica entre os Estados soberanos.

Sua estrutura não é permanente, reunindo-se ordinariamente uma vez por ano, nas sessões de setembro a dezembro em Nova Iorque, sede da ONU. Conforme apreendido em capítulo anterior, é da primeira assembleia-geral que surgiu a tradição do Brasil ser o primeiro país a abrir as reuniões com seu discurso, em razão do impasse ocorrido à época entre EUA e URSS.

Quanto ao seu funcionamento, poderá a Assembleia Geral se reunir extraordinariamente, após convocação do Secretário-Geral, a pedido do Conselho de Segurança ou da maioria dos membros da ONU.

Poderá ser temática sua reunião ou competente para discutir qualquer tema que permeie os objetivos e finalidades da Carta das Nações Unidas, ou que se relacione com as funções de qualquer órgão da organização, desta forma, podendo tratar dos mais variados assuntos, sobre as mais variadas competências.

Caberá elaborar recomendações aos seus membros ou ao Conselho de Segurança quanto a temas acerca dos quais tenha deliberado. Poderá iniciar estudos e fazer recomendações para promover a cooperação internacional em matérias econômicas, sociais, culturais, educacionais, sanitárias, favorecendo o pleno gozo dos direitos humanos e das liberdades fundamentais por todos, incentivando o desenvolvimento progressivo do Direito Internacional.

Compete, além, aprovar o orçamento da ONU e receber, examinar os relatórios anuais e especiais do Conselho de Segurança e de outros órgãos da ONU, acompanhando, portanto, todas as atividades exercidas pela Organização das Nações Unidas nos seus mais variados escopos.

A Assembleia Geral, quando lhe for necessário, solicitará a atenção do Conselho de Segurança para situações que possam ameaçar à paz e à segurança internacionais. No entanto, quando o Conselho de Segurança discutir matérias cujo âmbito seja de sua intrínseca competência, não poderá a Assembleia Geral vir a se manifestar, salvo por solicitação do próprio Conselho.

Suas deliberações ocorrem por resolução, em regra, que normalmente possuem caráter de simples recomendações. As resoluções que tenham maior importância necessitam de voto favorável de dois terços dos membros presentes e votantes desse órgão para sua aprovação. As questões de cunho relevante são:

- as relativas à manutenção da paz e da segurança internacionais e ao funcionamento do sistema de tutela;

- a eleição dos membros não permanentes do Conselho de Segurança, do Conselho Econômico e Social e do Conselho de Tutela;

- a admissão de novos membros na ONU;

- a suspensão e expulsão de Estados-membros; e

- orçamento.

Os votos referentes a quaisquer outras questões requerem apenas anuência da maioria dos membros votantes e presentes.

É importante ressaltar que a utilização da Assembleia Geral como foro que os Estados-membros se utilizam, não é de fato raro, pois houve casos em que a estagnação do sistema de segurança coletiva, a paralisia do Conselho de Segurança, por muitas das razões possíveis, levou à substituição deste instrumento em benefício da Assembleia Geral, que se mostrou mais eficaz e representante de um multilateralismo genuíno. Pode-se indicar como situação paradigmática do uso e do fazer político-diplomático da Assembleia Geral as constantes divergências e vetos tanto da União Soviética quanto dos Estados Unidos durante a Guerra Fria e o surgimento de grupos não alinhados às questões ideológicas de uma ou de outra potência, como o Movimento dos Não-Alinhados.

As tentativas de alterar ou dar maior executividade ao pleno da Assembleia Geral são retratadas por Patriota (2010), em sede de tese de curso de altos estudos do Instituto Rio Branco, que afirma que a iniciativa ocidental de superar a paralisia do Conselho de Segurança na década de 1950, decorrência das ações da União Soviética, veio com:

> "Iniciativa que se transformou na resolução 377 (1950), denominada "Uniting for Peace". A Carta confere responsabilidade primordial ao CSNU para a preservação da paz e segurança, mas atribui também à Assembleia Geral poderes de discussão, consideração e recomendação (Artigos 10 e 11). A definição de sua competência no plano de paz e segurança e seu relacionamento com o CSNU são sujeitos a interpretações variáveis e, ainda hoje, geram controvérsia nos debates em curso sobre a reforma da ONU"[48].

Percebe-se, assim, que a Assembleia Geral, em sua atual estrutura, poderá atuar em momentos que o Conselho de Segurança se achar em situação não favorável e suficiente para a tomada de medidas necessárias para a manutenção da paz e da segurança. Portanto, restando aos países não membros do Conselho,

---

[48] Antônio de Aguiar PATRIOTA, *O Conselho de Segurança após a Guerra do Golfo*, p. 30.

ou seja, aqueles em exceção aos quinze membros do Conselho de Segurança, tomar decisões em prática subsidiárias às do Conselho. Esta forma de prática do multilateralismo foi bastante utilizada pelo Brasil durante os anos de Guerra Fria, muitas vezes com os países não-alinhados, que se ressalte.

4.2.2 Conselho de Segurança (CSNU)

O Conselho de Segurança das Nações Unidas (CSNU) é o órgão da ONU que detém a principal responsabilidade pela manutenção da paz e da segurança internacionais.

Assim, o Conselho de Segurança é competente para tratar e definir a existência de ameaça à paz, ruptura da paz ou ato de agressão, proferindo, ademais, recomendações ou decidindo medidas que venham a dar possibilidade de manter ou restabelecer a paz e a segurança internacionais, conforme a Carta da ONU em seu artigo 39.

As matérias que venham à reunião do Conselho podem vir de ofício ou a pedido da Assembleia Geral, do Secretário-Geral ou qualquer Estado, membro da Organização das Nações Unidas ou não. Sua competência abrange também a decisão quanto a possíveis ações que possam ter como consequência uma ameaça, assim como com o intuito de articular as ações que hão de ser implementadas, podendo alternar de simples recomendações à interrupção total ou parcial das relações econômicas, dos fluxos de transportes e de comunicações, como também das relações diplomáticas. Estas conhecidas como sanções. É possível que sejam empregadas ações militares, voltadas a restabelecer a paz ou impedir a eclosão de um conflito, mediante e sob autoridade de forças de paz da ONU ou por Estados autorizados pelas Nações Unidas, à luz dos artigos 40 e 42 da Carta.

As forças ou missões de paz da ONU são integradas por tropas de Estados-membros das Nações Unidas a partir de determinação do Conselho de Segurança e através de acordo entre a ONU e os membros da organização, com a regulação do número e o tipo das forças, nível de preparação, facilidades e assistência a serem concedidas, observando a matéria inclusive financeira. Ademais, os contingentes utilizados o farão sob a égide e mandato definitivo da Organização das Nações Unidas e utilizarão seus símbolos.

O artigo 51 da Carta da ONU traz, ademais, a autorização de uso de legítima defesa individual ou coletiva dos seus Estados-membros que venham a sofrer ataques armados, que permanecerão enquanto outras formas e meios não sejam tomados pelo Conselho de Segurança.

Destarte, é, sim, o Conselho de Segurança o principal órgão responsável pela atuação e uso do mecanismo de segurança coletiva elaborado pelas Nações Unidas, como já descrito em cenário pós conflito mundial e com ranços dos vícios das potências, visando manter a paz e a segurança internacionais, devendo atuar em casos específicos de ameaça ou de rompimento da estabilidade internacional. Suas deliberações normalmente têm o formato de resoluções, vinculantes ou não, a depender de seu teor.

O CSNU tem como competências diversas ainda, a emissão de recomendações à Assembleia Geral a respeito da admissão de novos integrantes da organização, à indicação do Secretário-Geral, como já citado, e à suspensão e expulsão de Estados-membros.

Sua estrutura que pouquíssimo sofreu alteração durante estes mais de sessenta anos de existência, superando em muito sua antecessora a Liga das Nações, pode indicar tanto uma segurança institucional como também dificuldades de encontrar meios mais eficazes de representar o mundo de hoje e aquele que vem por aí. Não identificando novas estruturas regionais e realidades muito diversas das existentes após o conflito mundial cujos integrantes vencedores concorreram para celebrar uma Carta de paz. As figuras atuais como o G-4 (Alemanha, Brasil, Índia e Japão), que pressiona para uma alteração dos membros do Conselho, e os países independentes, antigas colônias, são sinais clássicos da simples alteração da configuração mundial, sem nos esquecermos da ascensão dos países em desenvolvimento.

O Conselho de Segurança é formado por quinze membros, após alteração ocorrida na década de 60 que alterara o número de onze para a quantidade existente atualmente. Cinco membros são permanentes: China, Estados Unidos, França, Reino Unido e Rússia. Outros dez são membros temporários, eleitos pela Assembleia Geral para mandato de dois anos, sem possibilidade de reeleição imediata para o período subsequente, observando o princípio da distribuição geográfica equitativa. Seu funcionamento é constante durante o ano.

As decisões tomadas pelo Conselho de Segurança podem assumir duas formas de votação, distintas e destacáveis. As questões processuais serão tomadas pelo voto positivo de pelo menos nove dos quinze membros. Aquelas decisões de cunho e valor importante, consideradas pelo Conselho, apenas serão aprovadas após voto afirmativo de no mínimo de nove de seus integrantes, com a necessária inclusão de votos favoráveis de todos os membros permanentes. Indica-se, ademais, o instituto do veto, pelo qual um dos cinco membros permanentes do Conselho de Segurança pode obstruir a aprovação de uma deliberação a que não concorde, porém concordam os outros membros.

A consideração e classificação dos assuntos em "importante" ou não é tratada como matéria prioritária, requerendo, dessa forma, a apreciação do assunto como positiva por nove dos quinze membros do Conselho de Segurança, sempre incluindo seus membros permanentes entre os votos favoráveis necessários[49].

---

[49] Paulo Henrique G. PORTELA, *Direito Internacional Público e Privado*, p. 222.

O veto, como já debatido, tem como fim assegurar que as potências não se vejam contrariadas em seus interesses e, em razão disso, abandonem a organização, a esvaziando consequentemente, pois menores países se veem em situação de comparação com os maiores que se ausentam, portanto, não considerando a organização importante. Assim os menores países, dentro do mesmo raciocínio, se retiram, exaurindo, por fim, a instituição da organização internacional que não se mostrou capaz de unir os Estados-membros na busca dos mesmos fins, apesar de possíveis interesses diversos. Representa bem esta situação o esgotamento da Liga das Nações, já em seu início, com a não ratificação pelo Congresso dos Estados Unidos e posterior não adesão ao organismo criado após a I Guerra Mundial.

Há a possibilidade de abstenção nas deliberações do Conselho de Segurança, destacando que a abstenção não configura, de forma alguma, veto. A abstenção muitas vezes decorre da dúvida dos Estados em determinadas matérias, o não esclarecimento pleno da situação ou em casos de negociação entre os países, não significando o aceitamento daquela situação, todavia. A abstenção pode ocorrer, por exemplo, quando um Estado que for parte de controvérsia julgada pelo Conselho a que faz parte teria que deliberar, ocorrendo, assim, a abstenção.

5. O BRASIL NO G-4 E A REFORMA DO CONSELHO DE SEGURANÇA DAS NAÇÕES UNIDAS

5.1 A Reforma

Com o conhecimento e análise do Conselho de Segurança das Nações Unidas, sobre seu alcance e importância, voltamos ao tema da reforma do Conselho de Segurança das Nações Unidas. Os interesses brasileiros e aspirações foram preteridos pela alteração do jogo de poder e influência durante as negociações de criação de um aparato de governança global e segurança coletiva, o conjunto chamado de Conselho de Segurança das Nações Unidas, órgão de maior importância na estrutura de paz dos Estados.

A participação brasileira nas conferências multilaterais, sua inserção no jogo de poder das grandes nações, confiança nas instituições do multilateralismo, já no período republicano do país, se iniciou na busca de ver seus interesses assistidos e o país projetado como figura eminente no cenário internacional.

A II Conferência de Paz de Haia, cujo delegado brasileiro era Rui Barbosa em razão de pedido pessoal do Barão de Rio Branco, demonstrou a seus membros mais preparados que uma nação sulamericana tinha argumentos e defesas muito bem preparadas, atrapalhando até mesmo os desígnios e vontades das potências, atribuindo o destaque aos preparos de seus homens e, em especial, Rui Barbosa, o Águia de Haia, como veio a ser chamado no Brasil. Após a I Guerra Mundial, o Brasil é escolhido para integrar o Conselho da Liga das Nações, atuando ferozmente na busca de igualdade jurídica entre Estados e na reparação dos danos da guerra. A quantidade de membros no Conselho da Liga das Nações se viu alterada no momento que os Estados Unidos, após assinarem seu ingresso, não obtiveram a ratificação do Congresso norte-americano para fazerem parte da Liga das Nações, a que contribuíram para criação, deste episódio resulta em representação das Américas como um todo a apenas um país, o Brasil.

Ao despertar da II Guerra Mundial e em seu transcorrer, o governo brasileiro bem soube dirigir e administrar seu desejo de desenvolvimento nacional e projeção externa, apoiado pelos Estados Unidos. É exemplo típico da preocupação e atenção do governo norte-americano à época, a quantidade de visitas do presidente Franklin D. Roosevelt, no total de três visitas que resultaram em uma das maiores parcerias do Brasil com outro Estado, ademais de causar um alinhamento político duradouro. As promessas de Roosevelt a Vargas a respeito do reaparelhamento das forças armadas, do desenvolvimento industrial do país e de um assento permanente na futura organização foram utilizadas como impulso a melhores e maiores aspirações do Itamaraty e do governo brasileiro como um todo, porém a última foi de poucos resultados, sobretudo após a morte de Roosevelt e as alterações da Secretaria de Estado norte-americana que passou a se dedicar no ingresso da China. Verifica-se, também, que a insistência do Reino Unido, através de Winston Churchill, em assegurar à França derrotada uma representação no "conselho de policiais" e a negativa clara de Stalin em aceitar mais um membro capitalista, em especial das Américas, no grupo de poder contribuíram para o não êxito da aspiração brasileira.

Alterado o sistema de poder e a realidade política no globo após a queda da União Soviética, o conceito de "unilateralismo" começava a aparecer nos estudos dos pesquisadores da seara internacional, contudo, não parecia bem se sustentar na mostra dos fatos.

Com a Guerra do Golfo, causada pela ação iraquiana com o objetivo de invadir o Kuaite, é aprovada uma série de resoluções do Conselho de Segurança, nesse diapasão, com a resolução 678 de 29 de novembro de 1990, inicia-se a operação de intervenção armada da coalizão liderada pelos Estados Unidos[50]. O governo norte-americano então se vê na preocupação de assumir recursos financeiros com intuito de financiar os gastos de guerra, assim a busca de formas de financiamento entre os membros permanentes do Conselho de Segurança e fora dessa estrutura ganha importância. Washington então vê a possibilidade de mais membros dentro da estrutura do Conselho de Segurança capazes de financiamento das operações, procurando resolvê-las com a possível inserção e elevação das potências econômicas Alemanha e Japão a membros permanentes do grupo principal da governança global em matéria de paz e segurança internacionais, conforme Patriota:

> Nesse contexto, uma alternativa que se afirmaria por seu modo de financiamento em bases voluntárias e por não envolver problemas de estruturas de comando a cargo do Secretariado, seriam as forças multinacionais. Washington passaria a ver na atribuição de um lugar permanente para o Japão e a Alemanha no Conselho de Segurança, ademais, uma forma de transferir para Tóquio e Bonn parte da responsabilidade financeira que recaía sobre os EUA. (PATRIOTA, Antônio de Aguiar. *O Conselho de Segurança após a Guerra do Golfo: A articulação de um novo paradigma de Segurança Coletiva*, 2ª ed., Brasília, 2010, p. 63).

Em ato precedente ao tema do Golfo e no retorno ao foco do multilateralismo, reencontrando, o Brasil, seu espaço e avançando em sua terceira fase de participação e aceitação do multilateralismo como meio de atuação do país para ver seus interesses nacionais assegurados, após duas décadas de relações internacionais que se mantiveram, às vezes, em distância do multilateralismo, o governo brasileiro se manifestou em Assembleia Geral da ONU sobre o tema[51]. Portanto, no ano de 1989, sob a assistência do Embaixador

---

[50] Antônio de Aguiar PATRIOTA, op. cit., p. 37.
[51] Amado Luiz CERVO, op. cit., p. 98.

junto à Organização das Nações Unidas, Paulo Nogueira Batista, o presidente Sarney proferiu discurso sobre a revisão e composição do Conselho de Segurança, nos termos:

> [...], o Brasil – após praticamente duas décadas de afastamento – passou a integrar o CSNU. [...] A experiência nos leva a reflexões. Para que a Organização da ONU, através do CSNU, possa desempenhar o papel de relevo que dela se espera no campo da paz e da segurança internacional, impõem-se algumas alterações na estrutura e nos procedimentos do próprio Conselho. Como dar solução a questões importantes relacionadas, por exemplo, com a instituição de operações de paz e com seu financiamento, sem um reexame da adequação da própria composição do Conselho? Este é um problema que merece ser examinado não apenas sob o ângulo tradicional da adequação entre a quantidade de membros não permanentes e o aumento verificado no número de Estados-membros da ONU, mas, sobretudo, à luz das mudanças nas relações de poder ocorridas no mundo desde a criação da Organização. É chegado o tempo de uma reavaliação destinada a permitir que a multipolaridade atual se veja refletida no CSNU, a fim de habilitá-lo a melhor exercer suas responsabilidades. Poderíamos contemplar uma categoria adicional de membros permanentes, sem o privilégio do veto. (Seixas Côrrea, Luiz Felipe. *A Palavra do Brasil na ONU*, Brasília, 1995, pp. 503-504).

O Itamaraty, por meio de seus dirigentes, ao ser indagado quanto a suas atitudes e práticas atuais como formas de manifestação do desejo de ver o Brasil como membro permanente do Conselho de Segurança, utiliza essa informação para rebater as críticas, conforme afirma o então chanceler Celso Amorim:

> Aliás, quem relançou a discussão do Conselho de Segurança, quanto aos interesses brasileiros, oficialmente, em um discurso na ONU, foi o presidente Sarney. É um tema que faz parte da agenda diplomática há muito tempo. Não é

uma questão do governo do presidente Lula, embora ele tenha dado muita ênfase ao Conselho e a outras mudanças na governança global. (AMORIM, Celso. *Celso Amorim: Conversas com jovens diplomatas*, São Paulo, 2011, p. 436).

Na ONU as alterações de propósito e definição de seus métodos sofreriam maiores controvérsias com a eleição do Secretário-Geral Boutros-Ghali e posteriormente com a publicação de relatório de sua autoria, este nomeado como "Agenda para a Paz", com divulgação em julho de 1992. Seu relatório trazia uma nova perspectiva dos mecanismos de segurança coletiva, além de olhar a questão em forma de acordos regionais ou sob negociação com membros além do P-5 (cinco membros permanentes), à luz do artigo 43 da Carta das Nações Unidas.

Fora criado um Grupo de Trabalho na Assembleia Geral, no período de 1992-1993, em reuniões abertas. Um grupo de países, incluindo os Estados Unidos, formulou plano de alteração rápida, *quick fix*, ou seja, alteração do Conselho de Segurança com a inclusão de Alemanha e Japão e de um pequeno número de membros não permanentes. Entretanto, Brasil e Índia se manifestaram e atuaram contra tal formulação, buscando incluir membros de países em desenvolvimento na estrutura permanente do Conselho.

Afora a posição conjunta de Brasil e Índia, certos países atuaram contra qualquer acréscimo de membros permanentes, defendendo a posição que buscava o aumento apenas do número de membros não permanentes. Muitas vezes essas linhas de posicionamento ocorriam na busca do prestígio nacional e da concorrência de que alguns dos possíveis agraciados pudessem prejudicar seus vizinhos não privilegiados em uma reforma. O Embaixador Celso Amorim cita a posição italiana:

Havia países que não queriam nenhum novo membro permanente, como México e Itália. No caso da Itália, quando se falava em Alemanha e Japão, o embaixador Paolo Fulci costumava dizer com certo espírito: *"Perché soltanto Il Giapone e La Germânia? Anche noi abbiamo perso la guerra"*. Se a questão era colocar os que perderam a guerra, a Itália também teria direito. Era o raciocínio dele. (AMORIM, Celso. *Celso Amorim: Conversas com jovens diplomatas*, São Paulo, 2011, p. 442).

Em fins da década de 1990, a ONU se vê mais uma vez tratando do assunto da reforma do Conselho, agora sob a direção dos debates na pessoa do presidente da Assembleia Geral, o malaio Ismail Razali. O presidente da Assembleia Geral apresentou proposta que tratava de um membro permanente para cada região do globo. Surgiram, portanto, mais oposições dos países menores ou daqueles que poderiam ser prejudicados e, posteriormente, sua paralisação.

Após o início da II Guerra do Iraque, o então Secretário Geral da ONU, Kofi Annan, na busca de maior representatividade no Conselho e ganho de prestígio para as Nações Unidas, decide criar painel de alto nível para tratar da reforma da ONU. Do relatório do painel, elaborado junto à Comissão de Direito Internacional da ONU, surgiu a hipótese de reforma que agradava a Brasil e Índia, com a ampliação de duas categorias de membros: permanentes e não permanentes.

Em acompanhamento ao relatório citado, surge o G-4, em 2005, integrando Alemanha, Brasil, Índia e Japão na busca de assentos permanentes no Conselho de Segurança. A resolução L.64 trata do tema, com a proposta de seis novos membros permanentes, mediante eleição, porém pensado para o G-4 e a inclusão de dois países africanos[52]. A questão que se seguiu foi a do veto, cuja oposição africana foi grande, em razão de não aceitarem sua ausência, irritando,

---

[52] Celso AMORIM, op. cit., p. 452.

por outro lado os membros permanentes que não concordam com a ascensão dos novos membros já com a posse do poder de veto.

Devemos lembrar que o primeiro impedimento à reforma está na ampliação no número de cadeiras de membros permanentes, em razão da diferença do status que o Conselho de Segurança possui em relação a outros órgãos da ONU, nos quais, em geral, quando presente a necessidade de mudanças, realiza-se uma seleção entre os participantes, a partir de bases geográficas, em que os grupos regionais realizam processo de escolha de seus membros para que ocupem as cadeiras recém-criadas. A disparidade e característica mais perceptível do CSNU é que seus membros permanentes não obtiveram seus assentos como resultado de simples distribuição geográfica, mas como resultado de fatores históricos e geopolíticos, como já excessivamente discorrido, bem como de seu amplo sistema de força.

Em sua elaboração, foi colocada a ideia de que apenas através de consenso e progresso contínuo é que as potências vencedoras da II Guerra Mundial poderiam contribuir para manutenção da paz, mesmo se encontrando cada uma delas em continentes diferentes e de culturas diversas. Restou no processo decisório o debate se a possível entrada de novos membros deveria ocorrer por simples escolha de distribuição regional.

Na situação de perda ou diminuição de poder econômico e, consequentemente, militar, de certos membros permanentes, a fragmentação do Leste-Europeu, com o fim da disputa entre Leste-Oeste, e, a ascensão de novas grandes economias trouxe à mesa dos estrategistas um novo debate, tal como a necessidade de financiamento de guerras – exemplo da Alemanha e Japão chamados a participar do esforço bélico na I Guerra do Golfo – e o surgimento dos conflitos assimétricos em decorrência de revoltas e fragmentação de novos Estados, exigindo que se pensassem formas de o Conselho poder continuar atuando, porém, com mais efetividade e realçando seu papel de manutenção da paz, bem como dos direitos humanos. Assim, atualmente, até os membros permanentes reconhecem que é chegado o momento de devolver ao Conselho de Segurança as ferramentas para realizar a bom modo o que lhe compete a Carta da Organização.

Neste quadro de evolução do pensamento de qual deve ser o papel do Conselho que surgiram propostas como a do G-4, dado que referências à Alemanha, Brasil, Índia e Japão se tornaram frequentes dentro de sua sede em Nova Iorque, muito em razão de suas credenciais, quais sejam, contribuição para a paz e segurança internacionais e a distribuição geográfica, presentes no artigo 23 do Estatuto da Organização. Entretanto, novos países, em cenário de ascensão, começaram a pleitear um lugar para si. Egito, Nigéria e África do Sul, países situados em uma África com mais de 50 países e centro de muitos dos conflitos atuais, fundamentalismos e tensões, se apresentam como as melhores escolhas para uma candidatura.

No limiar de candidaturas na Assembleia Geral, uma oposição não tão esperada e temida se reuniu em número bastante representativo, formando aqueles Estados-membros da Organização um grupo de esquecidos. Logo, fundaram uma verdadeira liga, o "Unidos pelo Consenso", UfC, em sigla inglesa, compreendendo-se por países que possuem realidades geopolíticas e histórico de concorrência com aqueles do G-4. Referimo-nos, na Europa, a casos de Itália e Espanha, em relação à Alemanha e, em destaque, ao papel da Argentina e México em oposição ao pleito brasileiro, na América Latina.

Outros componentes do "Unidos pelo Consenso", por razões diversas, eram favoráveis a simples conservação do *status quo* com o intuito de evitar a ascensão de lideranças regionais outras ou reconhecer as existentes. Estes países, sem quaisquer possibilidades de rivalizarem e competirem por um assento, se opõem a criação de novos membros permanentes com a alegação de que seria conceder um privilégio a pequeno grupo, se esquecendo que este argumento os coloca como defensores do *status quo* e da manutenção do referido privilégio aos atuais cinco membros permanentes do Conselho, em situação completamente diferente daquela em lá se colocaram ou foram obrigados a se colocar. Entre os membros permanentes há um que se destaca por posição bastante conservadora e relutante, a China, que em muito se aproxima do discurso daqueles do UfC, todavia, posiciona-se em patamar elevado em razão do lugar que ocupa. Apesar de reconhecer que a inclusão de novos membros é mais que urgente, percebe-se que a preocupação é resultado de vizinhos a Leste e Oeste, Japão e Índia, respectivamente.

As formulas pelas quais operam aquelas que se posicionam contrários aos interesses de uma reforma são bastante criativas, pois incluem desde a obrigação de negociações prévias, discussão de princípios e objetivos, apresentação de fórmulas finais para a tomada de decisão e a votação em um procedimento apenas, o chamado *single undertaking,* até a eleição com a exigência de maioria superior àquela prevista pelo artigo 108 da Carta, que prevê a tomada de decisões por votação de maioria de dois terços. Percebe-se que tais métodos são realizados com o objetivo de paralisação ou causar maiores dificuldades para a escolha da decisão final. Assim, os opositores mostram frustração com o projeto apresentado, e muito provavelmente levando a resultados não desejados pelos proponentes de uma reforma.

Além das citadas oposições, o projeto sofre de uma dificuldade característica de suas próprias disposições, a começar pela ampliação de todo escopo de trabalho que abrange o Conselho, em que pese o aumento provável do orçamento como resultado de contribuição de novos membros, já grandes financiadores. O interesse de poucos Estados-membros em uma reforma é algo a ser considerado, o que acarreta aos países do G-4 a atuarem diplomaticamente, mediante gestões e aumento de cooperação com outros Estados com vistas a conquistar mais votos e conscientização da importância de alterações no quadro da Organização, realizando um *quid pro quo*, para a concretização seus interesses. Dentro dessa visão, Brasil e Índia lideram a ampliação de suas redes diplomáticas em países subdesenvolvidos, em especial no continente africano, enquanto que Alemanha e Japão se colocam dispostos a cooperarem com outras nações dentro de quadros de assistência e financiamento.

A base factível do G-4 é a proximidade que apresentam seus membros em suas relações com outros países, ou seja, a quantidade de aliados que cada um dos membros é capaz de trazer para um pleito. O Japão se sustenta nos países desenvolvidos e em ilhas do Pacífico, um apoio assegurado e certo dos primeiros. A grande economia europeia, a Alemanha, conta com votos de países a leste e oeste, apesar das já citadas oposições de Espanha e Itália, inclusive com possível aceitação da França. A Índia, como o Brasil, traz suporte em várias regiões, porém concentra seus votos na Ásia, Pacífico, Oceania e África, fazendo frente a possíveis obstáculos. O Brasil possui apoio elevado de países em desenvolvimento nas mais variadas regiões geográficas, mas, especialmente na América Latina e Caribe. Acerca do assunto, Celso Amorim expõe:

> Um caso interessante se deu com o Chile, um dos primeiros países a apoiar o Brasil no Conselho de Segurança. Os primeiros apoios se deram ainda em 1993 ou 1994, e foram pouquíssimos países que fizeram isso – acho que Moçambique e Portugal. Eu era ministro na época. Lembro-me de ter me empenhado em conseguir esses dois apoios explícitos. Logo em seguida, na época do presidente Frei, o Chile apoiou explicitamente o Brasil. (AMORIM, Celso. *Celso Amorim: Conversas com jovens diplomatas*, São Paulo, 2011, p. 450).

Um grupo frequentemente esquecido é o "S5" (*small five*), cujos integrantes são Cingapura, Costa Rica, Jordânia, Liechtenstein e Suíça, e que se formaram como alternativa ao lento desenvolvimento das proposições de reforma apresentadas e como consequência das ideias de que a reforma deve se concentrar em alterar votações, trâmites e toda a matéria processual dentro do Conselho, prescindindo de uma reforma em sua composição. Reconhecendo sua menor importância, mobilizam-se em torno de Estados pequenos para a conquista de melhores acessos aos trabalhos do Conselho de Segurança, contudo, o S5, além de reduzido, é dividido entre os que apoiam o G-4 ou o UfC, incluem-se entre os primeiros Cingapura, Jordânia, Liechtenstein, e eventualmente a Suíça, restando Costa Rica como apoiadora do UfC.

Destarte, a inviabilização da reforma, como posta, é evidente, porém se acredita que as rápidas mudanças em curso, o fim da crise, em momento ainda incerto, e alterações mais profundas na geografia econômica, possam transformar as aspirações do G-4 em um esboço real, que seja hábil e resulte em aceitação dos membros permanentes em alterarem sua forma de proceder quanto aos aspirantes a poder igual. Ademais, conquiste a confiança da maioria dos Estados-membros da Assembleia Geral, pois dependem destes para uma votação concreta. Como ficou demonstrado com a crise de 2008, em que as formas de governança global na economia foram alteradas, *i.e.* mudanças na participação das potências emergentes nas quotas do FMI, espera-se que uma nova realidade contribua para as reformas de governança global, algo conquistado, em parte, na área financeiro-econômica pelos emergentes, contudo em falta no sistema onusiano.

5.2 Segurança e Paz

O desenvolvimento do Direito das Gentes teve papel fundamental na realidade da guerra, sobretudo a partir do status de ilicitude que a guerra ganhou na formação do Direito Internacional durante o século XX, em decorrência do repúdio aos horrores da guerra, além da priorização da solução de controvérsias e o recurso a meios pacíficos, muitas vezes em alusão ao Direito de Haia.

O Pacto da Liga das Nações não proibira a guerra, porém afirmava que o recurso à força não deveria ser a opção primária dos Estados para a solução de controvérsias. O Tratado de Renuncia à Guerra, "Pacto Briand-Kellog", repudiou o uso da guerra para a solução de controvérsias, devendo ser feita apenas pelos meios pacíficos.

Na Carta das Nações Unidas a matéria é disciplinada com as observações de seus artigos iniciais:

> "Artigo 2. A Organização e seus Membros, para a realização dos propósitos mencionados no Artigo 1, agirão de acordo com os seguintes Princípios:
>
> (...)
>
> 3. Todos os Membros deverão resolver suas controvérsias internacionais por meios pacíficos, de modo que não sejam ameaçadas a paz, a segurança e a justiça internacionais.
>
> 4. Todos os Membros deverão evitar em suas relações internacionais a ameaça ou o uso da força contra a integridade territorial ou a dependência política de qualquer Estado, ou qualquer outra ação incompatível com os Propósitos das Nações Unidas.
>
> (...)"[53]

Disposto na Carta das Nações Unidas está, ademais, que o recurso à força pelos Estados só é permitido em duas hipóteses, dos artigos 39 a 51 da Carta da ONU, quais sejam, a legítima defesa individual ou coletiva no caso de ataque armado contra um Estado-membro das Nações Unidas e ação militar determinada pela própria ONU, através de seu Conselho de Segurança, contra

---

[53] ORGANIZAÇÃO DAS NAÇÕES UNIDAS. Carta das Nações Unidas. Disponível em: http://unicrio.org.br/img/CartadaONU_VersoInternet.pdf. Acesso em 31 de outubro de 2012.

ameaça à paz, ruptura da paz ou ato de agressão. O mecanismo de segurança coletiva, destinado à manutenção da paz, pelo qual os meios de força empregados são feitos somente com interesso coletivo de preservar a segurança internacional.

O mecanismo de segurança coletivo tem o dever de atuar para evitar conflitos armados ou encerrar hostilidades correntes, atuando dentro do quadro da Organização. Apesar de tentativas realizadas em Dumbarton Oaks, a ONU não manterá forças armadas, recorrendo, portanto, para cada caso, em utilizar as forças armadas de seus Estados-membros, encarregados de decidir, na estrutura do CSNU, sobre eventual intervenção militar da entidade nas situações de ameaça à paz ou efetiva situação de hostilidade. A proposta de força armada própria do corpo das Nações Unidas foi descartada pelas potências antes da Conferência de São Francisco, porém é fruto de várias análises diferenciais, como Patriota:

> Os instrumentos de coerção a disposição do CSNU fazem parte de um espectro contínuo que comporta desde medidas brandas de isolamento diplomático até intervenções militares de grande escala. O paradigma original de segurança coletiva formulado em Dumbarton Oaks previa, como visto anteriormente, um sistema de arregimentação de forças armadas dos Estados membros, bem como instituições e procedimentos para acioná-las em casos graves de ameaça à paz, ruptura da paz ou atos de agressão. Em contraste com o Pacto da Liga das Nações, a Carta não somente permitia que o CSNU contemplasse o uso da força e facultava à ONU o direito de impor a paz militarmente, como determinava nos Artigos 43, 45 e 47 do Capítulo VII a adoção de preparativos para a convocação de exército internacional sob o comando da ONU, em caso de necessidade. (PATRIOTA, Antônio de Aguiar. *O Conselho de Segurança após a Guerra do Golfo: A articulação de um novo paradigma de Segurança Coletiva*, 2ª ed., Brasília, 2010, p. 25)

É na perspectiva da segurança coletiva e manutenção da paz que o governo brasileiro, em especial o Itamaraty busca agir, em seus esforços no Conselho de Segurança das Nações Unidas enquanto membro temporário, ou como atuante e agente confiante no sistema multilateral, buscando interferir em sua estrutura em busca dos seus interesses nacionais, tal como as outras nações procedem, umas mais outras menos. Outra razão da sua participação pode ser o próprio debate da reforma das Nações Unidas e seu Conselho de Segurança, assunto incrementado com a participação e chefia da operação de paz no Haiti, a MINUSTAH.

Com o término do congelamento do CSNU junto ao término da Guerra-Fria, testemunhou-se um ativismo inédito daquele órgão, e coincidentemente um retorno do Brasil à instituição, além de um bônus sistêmico em razão da volta à democracia e a promulgação da Constituição de 1988. Depois de aproximadamente vinte anos longe do Conselho, o Brasil se candidatava a um assento temporário no órgão. Na abertura da 42ª Assembleia Geral, discursou o Ministro Roberto de Abreu Sodré, motivando a razão da candidatura brasileira e enfatizando o papel do país em oposição a atos unilaterais:

> Com essa convicção, o Brasil decidiu apresentar sua candidatura a uma das vagas que cabem à América Latina no Conselho de Segurança. O Brasil acredita poder contribuir construtivamente, no próximo biênio, para a reativação do papel do Conselho e para a solução de problemas que afetam ou possam afetar a paz e a segurança internacional (Seixas Côrrea, Luiz Felipe (org). *O Brasil nas Nações Unidas (1946-2006)*. Brasília, 1995, pp. 482-483).

A volta brasileira ao CSNU, após vinte anos, não sofreu obstáculos, além dos clássicos meios de votação, pois o vácuo deixado não foi capaz de remover as credenciais do país como membro ativo, embora não permanente, em relação a participação de outros Estados membros da ONU. Eduardo Uziel, em tese acerca da participação brasileira no Conselho de Segurança, assim coloca:

> Mesmo com a ausência de quase vinte anos, no momento em que se iniciou o biênio 1988-1989, o Brasil era um dos Estados membros com maior experiência no Conselho de Segurança, tendo servido por cinco mandatos no período de 1946 a 1968. Isto significa dizer que, nos primeiros 22 anos da Organização, o Brasil havia sido membro do CSNU durante quase 50% do tempo. Mesmo que se incluam os anos em que não ocupo o assento eletivo, a proporção ainda é significativa, ou cerca de 25% para o período 1946-1987. (UZIEL, Eduardo. *O Conselho de Segurança, as operações de manutenção da paz e a inserção do Brasil no mecanismo de segurança coletiva das Nações Unidas*. Brasília, 2010, pp. 156-167).

Contadas as eleições desde 1987, o Brasil já foi eleito cinco vezes para assumir assento temporário no Conselho de Segurança: 1988-1989, 1993-1994, 1998-1999, 2004-2005 e 2010-2011, com um resultado de eleições de dez vezes ao analisar a história de participação no Conselho. Ao se contabilizar os períodos, fica provada a intenção de integrar o CSNU, a experiência diplomática e a capacidade de conquistar os votos necessários para tanto. Há fato frequentemente ignorado e que salta aos olhos, ademais de todas as vezes em que foi membro temporário, é a atuação do Brasil como presidente do CSNU, não simplesmente como simples gestor do Conselho[54], mas na elaboração de documentos de importância para a organização e na investigação de dados importantes como a questão iraquiana.

Em 1999, o Brasil, como presidente do Conselho, presidiu, investigou e relatou os três painéis que discutiam posse de armamentos, situação humanitária e prisioneiros kuaitianos, estes dois últimos assuntos de relevo para o Brasil. O

---

[54] Ver Gisela PADOVAN, *Diplomacia e o uso da força: os painéis do Iraque.*

resultado ficou conhecido como *The Amorim Reports* (S/1999/356)[55], pelo nome do presidente do Conselho à época, Embaixador Celso Amorim.

Quanto a operações de paz, o país é conhecido por ter enviado tropas para as operações de paz no Haiti (MINUSTAH) e Timor Leste (UNMISET), contudo, também contribui para várias operações com o envio de observadores militares, policiais militares e comandantes de operação, tais como a escolha do General de divisão Carlos Alberto dos Santos Cruz para o comando da Missão das Nações Unidas na República Democrática do Congo (MONUSCO, anteriormente MONUC)[56]. Atualmente, a Marinha brasileira comanda operações da Força Tarefa Marítima no Mar Mediterrâneo, entre Israel e Líbano, na UNIFIL (United Nations Interim Force in Lebanon).

[55] Tony BLAIR, *Tony Blair: Uma Jornada.* p. 493.
[56] Renata GIRALDI (24/04/2013). *General brasileiro vai comandar missão de paz no Congo*. Agência Brasil. Página visitada em 17/03/2014.

6. PERSPECTIVAS PARA O G-4

Formados dentro de um contexto de grupo de trabalho que já previa a inclusão de Alemanha e Japão, Índia e Brasil atuaram para que fossem incluídos nas possíveis negociações, a partir de 1995, dentro do projeto Razali. Todavia, somente após o início da II Guerra do Iraque é que as discussões sobre uma reforma se tornaram prioridade para os membros permanentes e para o Secretário-Geral, dado o fato de que a credibilidade da ONU estava em jogo, dotando a agremiação de maiores recursos e formalidades com a criação oficial do G-4 em setembro de 2004. Traçamos, assim, breve descrição dos países e suas relações com a reforma.

6.1 Alemanha

País ao centro da Europa, unificado apenas no século XIX, derrotado em duas guerras mundiais, nação dividida, unificada e potência econômica mundial. Um simples olhar deste quadro já resulta em curiosidade. Como potência econômica, dependente de exportações e da importação de matérias-primas de países subdesenvolvidos, a existência de conflitos internacionais é vista como obstáculo para seu desenvolvimento, bem como para seu objetivo econômico de aumento de competitividade em relação aos EUA e Japão. Assim, a política externa alemã é determinada por uma plena integração ao modelo ocidental, que atribui importância às Nações Unidas como a mais importante instituição para os conflitos globais, já que ciente de que um bom cenário para suas relações econômicas é aquele de paz.

O país coopera com nações do Sul, visando alcançar seus objetivos, porém, sua atuação humanitária deve ser destacada. Desde a unificação, a Alemanha atuou ativamente para a concretização dos direitos humanos e na solução das demandas humanitárias decorrentes da fragmentação de Estados ao redor do globo. Registram-se a participação em ações humanitárias no Haiti, El Salvador e Nicarágua, dentro de uma esfera latino-americana e caribenha. Dentro de resoluções da ONU, teve papel nas intervenções de paz na Somália, Ruanda e Geórgia, bem como no Timor Leste e no Kosovo, esta última dentro de ação coordenada pela OTAN, sua primeira atuação militar com soldados na linha de frente.

Como estudado, os Estados Unidos vão em busca da Alemanha no contexto da Guerra do Golfo, ao manifestar o pedido de financiamento, cogita a ideia de reforma a incluir dois financiadores daquele conflito, Alemanha e Japão. Desde então, são mais de vinte anos de conversas, e a introjeção do conceito de membro permanente nos estadistas alemães é fato constatado. Contam a seu favor o *status* de nação desenvolvida, maior polo industrial europeu, forças armadas atuantes em operações da OTAN e apoio de Reino Unido e França, vizinhos no continente e membros permanentes do CSNU.

A União Europeia não apresenta quadro integral de apoio, mesmo se excluídos os votos de Espanha e Itália, já que os países favoráveis ao ingresso alemão são, além dos membros permanentes, Dinamarca, Holanda, Eslovênia, República Tcheca, bálticos e outros. Em oposição destacam-se Polônia, Malta e, especialmente, Áustria, como também Portugal e Chipre, preocupados com a reação de apoio que possam dar em razão das relações com seus vizinhos (Espanha e Itália), o que poderia exacerbar as divergências dentro do concerto europeu.

Por fim, com o agravamento da crise europeia, a posição alemã de credora e a imposição de medidas radicais para o controle do aumento do déficit de algumas das economias europeias, a Alemanha se encontra em constante perda de elementos de *soft power* naturalmente utilizados para ganho de apoio em tomadas de decisão e votos nos organismos multilaterais, o que a imobilizaria em uma reforma nos anos vindouros, ou, ao menos causaria mais perda de votos entre os vizinhos.

6.2 Japão

Derrotado na Segunda Guerra e abalado pelo uso de bombas nucleares, o Japão é, como a Alemanha, retrato de como a assistência financeira do EUA teve papel preponderante para sua recuperação, justificada pela proximidade com União Soviética, China e o conflito das Coreias.

A vedação constitucional do país de possuir forças armadas teve o efeito de receber proteção real da potência hegemônica, podendo o país destacar todo potencial de trabalho e população para a economia, levando a crescimento estável por décadas, até o estouro da bolha japonesa no começo da década de 1990, início de sua estagnação.

De outro lado, a ausência de forças armadas completas e bem treinadas é tema de discussões no Executivo nipônico, que levou o Primeiro-Ministro Shinzo Abe a aumentar gastos com defesa, após década de cortes em um aparato somente utilizado para autodefesa, como previsto em sua estratégia de segurança nacional. Não foi a reforma do Conselho de Segurança que levou o Japão a realizar mudanças em sua estratégia nacional de defesa e mudança de pensamento do seu pequeno número de militares, mas sim a realidade chinesa e seu aparato bélico-naval a surpreender. Hoje, é o temor da China que conduz as discussões sobre a reforma, não mais os aspectos de poderio econômico, escassos após década de estagnação.

Preocupa ao Japão o aumento de gastos bélicos chineses, a disputa por ilhas no Pacífico, a presença de um vizinho inconstante como a Coreia do Norte e sua decadência econômica. Contudo, em uma reforma, estariam garantidos o apoio de importantes potências, tomadas por uma cautela em relação à China, e apoio de países asiáticos e do Pacífico como Índia e Austrália, dados os obstáculos que enfrentará com a China.

6.3 Índia

A Índia, no quadro do G-4, é o país mais contrastante em qualquer análise. De independência recente, em relação a outras potências, população e território difíceis de comparação, sua emergência econômica interessa a países desenvolvidos como EUA e países membros da União Europeia, em razão de poder obstaculizar ações não programadas do Estado vizinho, China.

Fundador do Movimento dos Países Não-Alinhados, em 1961, junto com Egito e a antiga Iugoslávia, destaca-se como um subcontinente localizado em ponto dos mais conflituosos, a Ásia, vizinho imediato chinês, a nordeste com quem possui histórico de disputa fronteiriça, ao lado do Paquistão, inimigo histórico e relativamente próximo do Irã.

É o país que mais se utiliza dos conflitos regionais para a realização de sua política externa e interesses nacionais, buscando apoio ora de Moscou, ora de Washington, a depender de quais interesses se encontram em jogo, tais como a disputa com o Paquistão e relações em frequente colisão com a China. Em 1998, apesar de não-signatário do Tratado de Não-Proliferação Nuclear (TNP), ousou testar dispositivos nucleares em uma corrida nuclear com o Paquistão, este último dentro da cooperação sino-paquistanesa, o que resultou em sanções internacionais, mas seu ingresso como sexto membro do clube nuclear.

Depois dos atentados terroristas ao World Trade Center, as relações Índia-Estados Unidos se tornaram estreitas, em que pese as sanções anteriormente impostas. Incialmente, a Índia ofereceu suas bases militares para uso de aviões norte-americanos na guerra contra os grupos atuantes no Afeganistão, o que resultou na atitude do presidente Bush, que suspendeu as sanções econômicas impostas à Índia. Em encontro realizado nos Estados Unidos, os chefes de Estado de ambos os países concordaram em flexibilizar, ampliar e alavancar a cooperação EUA-Índia em várias áreas, quais sejam, ciência e tecnologia, segurança regional, pesquisa espacial, contraterrorismo, segurança nuclear para fins pacíficos, além de temas econômicos.

Sensível ao terrorismo, a Índia conseguiu que as agências de inteligência dos dois países iniciassem intercâmbio de inteligência acerca de práticas terroristas; em janeiro de 2002 formaram o Grupo de Trabalho Índia-EUA contra atos terroristas (India-US Joint Working Group on Counter Terrorism) e elevaram os contatos de alto nível, especialmente na área de segurança. Mais especialmente, destaca-se que, desde 2002, as forças armadas dos dois países têm realizado exercícios militares conjuntos, o que levou à parceria EUA-Índia.

Dentro de sua estratégia de crescimento e relevo internacional, o exemplo da firma consultora internacional Goldman Sachs destacando Brasil, Rússia, Índia e China como potenciais economias entre as dez maiores do mundo, teve como resultado a origem da sigla BRIC. Enfim, em reunião de seus Chanceleres em Genebra, no ano de 2008, esses quatro países entenderam o momento histórico e assumiram a posição de grupo de consulta, pronto a opinar nos assuntos ligados à segurança e estabilidade da economia global.

Não abandonando, porém, a sigla IBAS, agrupamento no qual Índia, Brasil e África do Sul vêm usando da igualdade de condições de serem imponentes países em desenvolvimento dentro do capitalismo mundial, com atributos de força e liderança nos respectivos continentes, alavancando em conjunto aspirações dos três. São amplas as diferenças que os diferenciam entre si, contudo, é também grande a complementaridade em suas cadeias produtivas, o que lhes permite adotar comportamento coordenado em foros internacionais, como na OMC.

6.4 Brasil

Como já tratado, as aspirações brasileiras a um assento permanente no Conselho de Segurança das Nações Unidas ganharam ainda mais destaque nos últimos dez anos, em especial o período Lula-Amorim (2003-2010). A gestão do Itamaraty, então, passou a dar mais ênfase à importância de alteração dos meios de governança global, atuando de forma a demonstrar o valor que atribuía ao multilateralismo[57].

Sua inserção e emergência ante outros países e métodos de agir, como na busca do interesse nacional em si, e desvinculação a qualquer linha que lembrasse a subserviência, não apenas a um Estado, mas a todo o sistema internacional, lhe custaram muitas críticas. A imprensa se depreendeu a tratar do tema como ambição brasileira, conforme trata Amorim:

> Na maioria das vezes, a pretensão do Brasil de vir a integrar o Conselho de Segurança é vista como algo do Itamaraty, sem muito significado para o Brasil, e que não traria muitos benefícios ao país, para além de custar caro. Essa é uma visão que a imprensa costuma ter – a imprensa e muitos outros especialistas, com ou sem aspas. Digo Itamaraty porque não foi apenas nesta administração; o tempo em que estive mais diretamente envolvido nesse assunto foi na época em que eu era embaixador na ONU, no governo anterior. (AMORIM, Celso. *Celso Amorim: Conversas com jovens diplomatas*, São Paulo, 2011, p. 436).

Apesar da negativa do então ministro das Relações Exteriores, Celso Amorim, acerca da vontade brasileira de ingressar no Conselho de Segurança como membro permanente ter aumentado durante a administração Lula-Amorim, é perfeitamente válido e perceptível constatar que como diplomata de carreira, Amorim tenha dedicado parte de sua carreira a servir em postos

---

[57] Amado Luiz CERVO, op. cit., loc. cit.

multilaterais, como o fez também seu sucessor, Antônio Patriota, demonstrando que o reconhecimento e confiança dados aos órgãos multilaterais decorrem das próprias experiências pessoais das chefias do Ministério das Relações Exteriores. Além da visão própria do Itamaraty, o governo Lula trouxe, talvez por ativismo do próprio presidente ou de seu partido, uma crença no multilateralismo, tanto na ONU quanto na OMC, e que nos primeiros meses de gestão resultaria na busca de apoiadores da iniciativa brasileira de pleito no Conselho de Segurança, ademais de se inserir num círculo de poder e autonomia nas relações internacionais, como critica Almeida sobre o papel do Brasil[58].

Como oposição ao ingresso brasileiro a membro permanente do Conselho, analistas se focam na Argentina e México, aquele em oposição mais por prestígio nacional do que capacidade de projeção, o último em importância econômica entre os países da América Latina. Enquanto outros países do G-4 se encontram em clara posição de oposição de seus vizinhos, como Índia-Paquistão, Japão-China, o Brasil não possui problemas com seus vizinhos regionais e não descarta representar toda a região no Conselho de Segurança, ou seja, reconhecendo sua função regionalista, mas em aspirações ao universalismo[59].

As relações Brasil-Argentina atualmente parecem caminhar ao encontro das pretensões brasileiras, ao contrário da situação existente em décadas anteriores, quando o próprio presidente Fernando Henrique Cardoso afirmou publicamente que preferia melhores relações com a Argentina a um assento no Conselho de Segurança[60], na tentativa de melhor fortalecer a relação com o vizinho ao sul. O México, por outro lado, parece não mais se opor ao pleito do

---

[58] Paulo Roberto de ALMEIDA, *O Brasil como ator regional e global: Estratégias de política externa e impacto na nova ordem internacional,* Cena internacional, v. 9, n.1, p. 12.
[59] Celso AMORIM, *O G-4 e as Nações Unidas: Textos, Comunicados e Documentos,* pp. 84-85.
[60] Fábio GIAMBIAGI, José Guilherme REIS e André URANI (orgs.), *A relação do Brasil com os EUA: de FHC-Clinton a Lula-Bush,* pp. 203-228.

Brasil, porém vem a resistir ao menos quando se fala em política interna, conforme cita o embaixador Amorim em palestra no Instituto Rio Branco:

> Certa vez, um ministro mexicano me perguntou: "O Brasil quer mesmo ser membro permanente?". Eu disse: "Quer, por quê?". E ele: "Porque o México não quer, mas, se o Brasil quiser, o México vai querer". Eram situações desse tipo que estava envolvido o prestígio nacional. (AMORIM, Celso. *Celso Amorim: Conversas com jovens diplomatas*, São Paulo, 2011, p. 442).

Espera-se, assim, que o México não ofereça grandes resistências ao pleito brasileiro, o fazendo não deixará de ser manifestação já esperada pelo Itamaraty, conforme gestões já realizadas. O Chile, país de grande relevância no continente, já se manifestou em comunicados conjuntos com o Brasil apoiando a legítima aspiração histórica brasileira[61].

Quanto ao apoio de países membros permanentes do Conselho, busca-se uma posição mais clara da China e Estados Unidos, em especial. O principal apoio ao desejo brasileiro está na França com repetidas manifestações públicas de seus governantes. O Reino Unido, pelos governos trabalhistas e conservador, já se manifestaram em apoio também, ressaltando que o apoio decorre de manifestações de Tony Blair, Gordon Brown e do conservador David Cameron, afirmando uma posição do Estado britânico.

As posições da China, Rússia e Estados Unidos tratam de fatos que podem indicar pragmatismo e reservas aos atos brasileiros, além de preocupar o reconhecimento chinês, como coloca Almeida:

> O Brasil conseguiu o apoio declarado de pelo menos dois membros permanentes – a França e o Reino Unido –, o apoio ambíguo de um terceiro – a Rússia – e a não oposição aberta dos EUA. Uma estratégia de aproximação e

---

[61] Celso AMORIM, *Celso Amorim: Conversas com jovens diplomatas*, p. 451.

de "conquista" da China foi tentada por diferentes meios – com o seu reconhecimento formal enquanto "economia de mercado" –, mas o Brasil provavelmente esperava que o país asiático fosse mais positivo na agenda da ampliação. (ALMEIDA, Paulo Roberto de. *O Brasil como ator regional e global: Estratégias de política externa e impacto na nova ordem internacional*. Brasília, 2007. p. 16).

A China, pela sua própria prática diplomática, age de forma a conseguir barganhar posições e não afetar sua relação com outros países que podem não concordar com a inserção do Brasil neste novo cenário. Os Estados Unidos são a figura mais importante do jogo da reforma das Nações Unidas, seu presidente em visita ao Brasil não se manifestou claramente quanto ao tema, porém não o negou.

Os críticos do ingresso do país se apoiam na questão americana com bastante relevância, em especial após a publicação de telegramas diplomáticos sigilosos através do Wikileaks que demonstravam que as atitudes brasileiras durante a gestão Lula-Amorim causavam bastante preocupação à Secretaria de Estado norte-americana.

Um grupo de diplomatas já não mais vinculados ao Ministério das Relações Exteriores se dedicou com afinco a criticar as posições brasileiras em sua nova gestão, com argumentos como o aumento exponencial de embaixadas na África, Caribe, Ásia, ademais do acréscimo da capacidade de representação em órgãos multilaterais. Todavia, as atitudes brasileiras causaram maior ponto de impacto aos olhos estrangeiros, e mesmo aos nacionais, com a negociação entre Brasil, Turquia e Irã sobre material nuclear, na tentativa de solucionar a questão nuclear iraniana e o aumento de sanções sobre o país. Críticas ao papel da política externa brasileira sobre a gestão com o Irã ficam representadas em notas do embaixador Rubens Barbosa acerca do tema e circundam a possibilidade de ingresso no Conselho de Segurança:

Não ficaram claros os critérios do governo Lula para a identificação do interesse nacional naquele momento. Se o ingresso do Brasil como membro permanente do Conselho de Segurança era uma das maiores prioridades da política externa brasileira, por que ameaçar a perspectiva de obter o assento no diretório que zela pela paz e pela segurança internacionais? (BARBOSA, Rubens. *O Dissenso de Washington: Notas de um observador privilegiado sobre as relações Brasil - Estados Unidos*. Rio de Janeiro, 2011. p. 325).

Enfim, destaca-se a atuação brasileira na liderança da missão de paz no Haiti, conhecida como MINUSTAH, ou Missão das Nações Unidas para a Estabilização no Haiti, estabelecida pela Resolução 1542, de 2004, do Conselho de Segurança. A Resolução 1542 traz aspectos novos em relação ao papel do Brasil nas ações de paz organizadas sob a guarda das Nações Unidas. Ela é motivada pelo Capítulo VI da Carta das Nações Unidas, manutenção da paz, porém com poderes do Capítulo VII, que permite às Nações Unidas intervir militarmente para restabelecer a segurança, ordem ou a paz. Esta forma de resolução permite o emprego de força quando necessário, porém não como objetivo principal.

A liderança brasileira na operação de paz foi resultado de negociações dos Estados Unidos e França no Conselho de Segurança e do engajamento brasileiro em participar da operação, demonstrando que o convite interessava ao governo brasileiro[62]. A duração de dez anos de operação parece preocupar a administração brasileira, apesar de seu êxito, em razão do custo de manutenção do efetivo de forças no Haiti, o que já levou o ministro da Defesa, Celso Amorim, anteriormente chanceler, a se manifestar sobre a saída das tropas brasileiras.

---

[62] Paulo Roberto de ALMEIDA, *O Brasil como ator regional e global: Estratégias de política externa e impacto na nova ordem internacional,* Cena internacional, v. 9, n.1, p. 15.

Fica, então, evidente que mesmo com as manifestações do governo brasileiro sobre sua atuação e maior projeção internacional, e a liderança da operação de paz no Haiti, também visam obter seu almejado assento como membro permanente do Conselho de Segurança[63]. Restando aos administradores públicos, ao Congresso Nacional, ministérios da Defesa e Relações Exteriores e à sociedade tratar com mais afinco a questão, pois resultará em maiores custos com forças militares e o aumento progressivo de responsabilidades na seara internacional.

---

[63] Celso AMORIM, op. cit., p. 57.

CONCLUSÃO

Como estudado, o Brasil dá seus primeiros passos como nação republicana independente em uma reunião multilateral na II Conferência Internacional de Paz de Haia, sob condução de Rui Barbosa. Após a I Guerra Mundial, ao ingressar na Liga das Nações, ganha destaque superior ao que podia esperar, se tornando membro do Conselho da Liga, grupo de países que chefiavam a paz, o que levou a representar toda a população das Américas, já que os Estados Unidos se viram impossibilitados de estar na organização de paz. A Liga, porém, se mostrou pouco eficaz e o país não viu atendida sua demanda de mais reconhecimento, pelo contrário, abandonou a Liga quando o governo brasileiro se considerou preterido por nações europeias.

Posteriormente, na eminência de uma nova guerra, o Estado brasileiro participa do jogo entre Alemanha e Estados Unidos e se utiliza disso para o alcance de seus intentos. Getúlio Vargas e Oswaldo Aranha souberam jogar com a questão, muitas vezes confundindo ambos os países, em prol dos interesses nacionais, conforme a linha de pensamento de Vargas. As razões estratégicas brasileiras iam ao encontro, frequentemente, das necessidades americanas, o que nos galgou a patamar de visibilidade em Washington. Participamos do confronto mundial, já em seu fim, conquistamos os dividendos de tal participação, além de cogitarem o país a fazer parte do seio de uma nova organização de intuito de manutenção da paz, colocando o país novamente na rota de seus interesses de projeção. O desejo nacional, todavia, não foi atendido, e permanecemos como próximos aos Estados Unidos e a nossos parceiros latino-americanos. Permanecemos, assim, com nossa aspiração de participarmos do jogo de interesses das nações, influindo nas regras internacionais com mais poder de autonomia.

Após décadas de Guerra Fria, em que o Brasil permaneceu mais distante dos temas multilaterais; na prevalência de uma aparente unilateralidade, o assunto voltou à tônica do processo de reforma das instituições globais, e o Brasil bem soube penetrar nas conversas e tratar do tema, dentro de conversações com Alemanha e Japão, e ao lado de Índia, lembrando às nações seu papel histórico. Entretanto, a posição brasileira ainda parecia ser marcada por ambiguidades, pois o país não parecia mostrar que seu interesse era superior ao seu relacionamento com os vizinhos, buscando distanciamento de qualquer sinal de imperialismo ou hegemonia, o que poderia pesar de forma negativa em negociações futuras para a votação brasileira como membro permanente do Conselho de Segurança.

No século XXI o tema ganhou destaque com o enfraquecimento do unilateralismo norte-americano, visibilidade negativa que a ONU trazia e insatisfação dos povos com a maneira que os Estados possuidores de contingente de poder tratavam os Estados não possuidores do mesmo, ou de outras formas de proteção. Nesse diapasão, os Estados se veem na obrigação de alterar as regras do Direito Internacional, única forma possível de assegurar aos mais fracos que seus direitos não serão violados.

Ao mesmo tempo em que a movimentação internacional parece disposta a dialogar sobre a reforma dos meios de governança global e do Direito Internacional de paz e segurança internacionais, o Estado brasileiro se encontra em inflexão nas relações internacionais. A alteração de governo altera a formulação de política externa com objetivo de alcançar a tão esperada inserção do país no jogo de potências, conforme o pensamento histórico do Itamaraty, porém alterando seu *modus operandi*.

O Brasil, assim, em rota diversa, mirando na ascensão ao status de Estado capaz de influir no cenário global, não mais apenas regional. Com a formação de concursos com países emergentes, decorrência de sua política Sul-Sul, em especial o IBAS (Índia, Brasil e África do Sul) e os BRICS (Brasil, Rússia, Índia, China e África do Sul), este último fruto de análise financeira do Goldman Sachs cujos Estados membros transformaram em foro político, o país iniciou sua busca ativa pela alteração da governança global, se somando ao quadro de países Alemanha, Japão e Índia. Os resultados na seara da formulação do Direito Internacional e das práticas nas relações internacionais vieram com a formação do G-20 econômico e o G-20 na Rodada Doha da OMC.

Resta ao país, portanto, a conquista do assento permanente no Conselho de Segurança, tarefa de natureza das mais complicadas, porque fere os interesses de outros países, sempre existindo a possibilidade de o Brasil sofre grandes resistências no momento da discussão do tema, dentro do Conselho de Segurança e, posteriormente, na Assembleia Geral. Concluindo-se como importante a gestão do Brasil com a maior quantidade de países, na busca de interferir nos votos com desejo a ser eleito; tal fato pode explicar porque o país, atualmente, possui relações diplomáticas com todos os países membros da ONU, além do aumento do corpo diplomático e de embaixadas físicas na maior quantidade de países possíveis. O que resulta em acréscimo de custos ao erário brasileiro, porém com maior cooperação em várias áreas, além de aumento das trocas comerciais.

A ambição brasileira, contudo, deve ainda ser mais discutida com sua população, até mesmo porque os aumentos de custos ao erário serão maiores, pois os gastos com efetivo militar, em especial, e diplomático terão peso substancial, ademais de aumentar a contribuição financeira do país na Organização das Nações Unidas, que já está entre as dez maiores. O reaparelhamento das Forças Armadas é o grande desafio do país, porém que já iniciou debates e operações nesse sentido, como a construção dos submarinos nucleares em território brasileiro e a compra de 36 aviões caças para a Força Aérea, mediante transferência de tecnologia.

Como membro temporário, a participação brasileira no Conselho de Segurança se deu por dez vezes, o que já soma um total de 20 anos, contados cada biênio, número igual a do Japão, sendo ambos os que mais vezes estiveram reunidos no Conselho, na figura de membros temporários. Na operação de paz no Haiti, o Brasil é elogiado pela comunidade internacional, em razão do modelo de operação que traz, além do elemento armado, um elemento social, o que gera ainda mais dividendos, podendo o país se utilizar de tal moeda como forma de exemplo em possível negociação para o pleito, em que pesem as alterações recentes na linha de condução da política externa brasileira.

Assim, se o a reforma do Conselho ocorrer – questão ainda incerta por alteração de pensamento e desconfiança quanto aos organismos internacionais e recrudescimento do nacionalismo – em uma futura reforma da Carta das Nações Unidas e de seu Conselho de Segurança, os membros do G-4 devem estar preparados para as situações que podem surgir e na formulação do Direito Internacional, conforme as tradições de paz, em especial a do Brasil.

GLOSSÁRIO

AG – Assembleia Geral da Organização das Nações Unidas

BRIC – Sigla inglesa para Brasil, Rússia, Índia, China

BRICS - Sigla inglesa para Brasil, Rússia, Índia, China e África do Sul

CIJ – Corte Internacional de Justiça

CSNU – Conselho de Segurança das Nações Unidas

DIP – Direito Internacional Público

EUA – Estados Unidos da América

FEB – Força Expedicionária Brasileira

FMI – Fundo Monetário Internacional

FUNAG – Fundação Alexandre de Gusmão

G-4 – Grupo que reúne Brasil, Alemanha, Índia e Japão

IBAS – Sigla inglesa para Índia, Brasil e África do Sul

IPRI – Instituto de Pesquisa de Relações Internacionais

MINUSTAH – Missão das Nações Unidas para a Estabilização no Haiti

MONUSCO/MONUC – Missão das Nações Unidas na República Democrática
do Congo

OMC – Organização Mundial do ComércioOIT – Organização Internacional do
Trabalho

ONU – Organização das Nações Unidas

P-5 – EUA, Reino Unido, França, Rússia e China

S5 – *Small five* – Cingapura, Costa Rica, Jordânia, Liechtenstein e Suíça

SDN – Sociedade das Nações/Liga das Nações

SG – Secretário-Geral da Organização das Nações Unidas

TNP – Tratado de Não-Proliferação Nuclear

UfC – Unidos pelo Consenso

UfP – *Uniting for Peace*

UNESCO – Organização das Nações Unidas para a Educação, a Ciência e a Cultura

UNIFIL - *United Nations Interim Force in Lebanon*

UNMISET – Missão das Nações Unidas de Apoio ao Timor-Leste

URSS – União das Repúblicas Socialistas Soviéticas

REFERÊNCIAS

ACCIOLY, Hildebrando; CASELLA, Paulo Borba; SILVA, Geraldo Eulálio do Nascimento e. *Manual de direito internacional público*. 17ª ed. São Paulo: Saraiva, 2009.

ALMEIDA, Paulo Roberto de. O Brasil como ator regional e global: Estratégias de política externa e impacto na nova ordem internacional. *Cena Internacional,* Brasília, v. 9, n.1, p. 7-36, 2007.

_____. "A relação do Brasil com os EUA: de FHC-Clinton a Lula-Bush?" in Giambiagi, Fabio; Reis, José Guilherme; Urani, André (orgs). *Reformas no Brasil: Balanço e Agenda*. Rio de Janeiro: Nova Fronteira, 2004, p. 203-228.

ALMEIDA PINTO José Roberto de. *A possibilidade de ampliação do Conselho de Segurança das Nações Unidas e a posição do Brasil*. Instituto Rio Branco, Tese de CAE, 1994.

AMARAL JÚNIOR, Alberto do. *Manual do Candidato: Direito Internacional.* 2ª ed. Brasília: FUNAG, 2005.

AMORIM, Celso. "O Brasil e o CSNU". *Política Externa*, vol. 3, nº 4, pp. 5-15.

_____. *A diplomacia multilateral do Brasil*. Brasília: FUNAG, 2007.

_____. "A Política Externa Brasileira no governo do Presidente Lula (2003-2010): uma visão geral", *Rev. Bras. Polt. Int.* 53 (Edição especial), pp. 214-240 (2010), acessado em 11 de fevereiro de 2012, em http://www.scielo.br/pdf/rbpi/v53nspe/53nspea13.pdf.

_____. *Celso Amorim: Conversas com jovens diplomatas*. São Paulo: Benvirá, 2011.

BARBOSA, Rubens Antonio. *O Dissenso de Washington: Notas de um observador privilegiado sobre as relações Brasil - Estados Unidos*. Rio de Janeiro: Agir, 2011.

BARRETO FILHO, Fernando Paulo de Mello. *Os Sucessores do Barão*, 1912-1964. São Paulo: Paz e Terra, 2001.

_____. *Os Sucessores do Barão*, 1964-1985. *Os Sucessores do Barão*, 2006.

_____. *A Política Externa após a redemocratização*, Brasília: FUNAG, 2012.

BLAIR, Tony. *Tony Blair: Uma Jornada*. São Paulo: Benvirá, 2011.

CANÇADO TRINDADE, Antônio Augusto. *Repertório da prática brasileira do direito internacional público : período 1919-1940*, 2ª ed. Brasília : FUNAG, 2012.

CARDIM, Carlos Henrique. *A Raiz das Coisas. Rui Barbosa: O Brasil no Mundo*. Civilização Brasileira, 2008.

CELSO, Afonso. *Oito anos de Parlamento*. Brasília: Senado Federal, 1998.

CERVO, Amado Luiz. *Inserção internacional do Brasil*. São Paulo: Saraiva, 2008.

_____. Bueno, Clodoaldo. *História da Política Exterior do Brasil*. 4ª. Ed. Revista e ampliada, Brasília: UnB, 2011.

GARCIA, Eugênio Vargas. *Sexto membro permanente: o Brasil e a criação da ONU*. Rio de Janeiro: Contraponto, 2012.

GUERREIRO, Ramiro Saraiva. *Lembranças de um empregado do Itamaraty*. São Paulo: Editora Siciliano, 1992.

KISSINGER, Henry. *Diplomacy*. New York: Simon & Schuster, 1994.

_____. *Does America need a foreign policy? : toward a diplomacy for the 21st century*. New York: Simon & Schuster, 2001.

MOURA, Gerson. *Autonomia na Dependência*. Rio de Janeiro: Nova Fronteira, 1980.

ORGANIZAÇÃO DAS NAÇÕES UNIDAS. *Carta das Nações Unidas.* 1945. Disponível em: http://unicrio.org.br/img/CartadaONU_VersoInternet.pdf. Acesso em 23 de março de 2014.

PADOVAN, Gisela Maria Figueiredo. *Diplomacia e o uso da força: os painéis do Iraque.* Brasília: FUNAG, 2010.

PATRIOTA, Antônio de Aguiar. *O Conselho de Segurança após a Guerra do Golfo: a articulação de um novo paradigma de segurança coletiva.* 2ª ed, Brasília: FUNAG, 2010.

PORTELA, Paulo Henrique Gonçalves. *Direito Internacional Público e Privado.* 2ª ed. Revista, ampliada e atualizada, Salvador: JusPodium, 2010.

SEITENFUS, Ricardo. *Introdução ao direito internacional público.* 2a ed. Porto Alegre: Livraria do Advogado, 2001.

SEIXAS Corrêa, Luiz Felipe. *A Palavra do Brasil na ONU*, Brasília: FUNAG, 1995.

_____. *O Brasil nas Nações Unidas (1946-2006).* Brasília: FUNAG, 2007.

STEAD, William. *O Brazil em Haya,* tradução do inglês seguida de *Dez Discursos de Ruy Barbosa na Segunda Conferência da Paz.* Rio de Janeiro: Imprensa Nacional, 1925 *apud* CARDIM, Carlos Henrique. *A Raiz das Coisas. Rui Barbosa: O Brasil no Mundo.* Civilização Brasileira, 2008.

UZIEL, Eduardo. *O Conselho de Segurança, as operações de manutenção da paz e a inserção do Brasil no mecanismo de segurança coletiva das Nações Unidas.* Brasília: FUNAG, 2010.

ANEXO

CARTA DAS NAÇÕES UNIDAS[64]

Faço saber, aos que a presente Carta de ratificação vierem, que, entre a República dos Estados Unidos e os países representados na Conferência das Nações Unidas sôbre Organização Internacional, foi concluída e assinada, pelos respectivos Plenipotenciários, em São Francisco, a 26 de junho de 1945, a Carta das Nações Unidas, da qual faz parte integrante o anexo Estatuto da Corte Internacional de Justiça, tudo do teor seguinte:

CARTA DAS NAÇÕES UNIDAS

NÓS, OS POVOS DAS NAÇÕES UNIDAS, RESOLVIDOS

a preservar as gerações vindouras do flagelo da guerra, que por duas vezes, no espaço da nossa vida, trouxe sofrimentos indizíveis à humanidade, e a reafirmar a fé nos direitos fundamentais do homem, na dignidade e no valor do ser humano, na igualdade de direito dos homens e das mulheres, assim como das nações grandes e pequenas, e a estabelecer condições sob as quais a justiça e o respeito às obrigações decorrentes de tratados e de outras fontes do direito internacional possam ser mantidos, e

a promover o progresso social e melhores condições de vida dentro de uma liberdade ampla.

E para tais fins

praticar a tolerância e viver em paz, uns com os outros, como bons vizinhos,e

unir as nossas forças para manter a paz e a segurança internacionais, e a garantir, pela aceitação de princípios e a instituição dos métodos, que a força armada não será usada a não ser no interesse comum,

a empregar um mecanismo internacional para promover o progresso econômico e social de todos os povos.

Resolvemos conjugar nossos esforços para a consecução dêsses objetivos.

Em vista disso, nossos respectivos Governos, por intermédio de representantes reunidos na cidade de São Francisco, depois de exibirem seus plenos poderes, que foram achados em boa e devida forma, concordaram com a presente Carta das Nações Unidas e estabelecem, por meio dela, uma organização internacional que será conhecida pelo nome de Nações Unidas.

CAPÍTULO I

PROPÓSITOS E PRINCÍPIOS

Artigo 1. Os propósitos das Nações unidas são:

1. Manter a paz e a segurança internacionais e, para esse fim: tomar, coletivamente, medidas efetivas para evitar ameaças à paz e reprimir os atos de agressão ou outra qualquer ruptura da paz e chegar, por meios pacíficos e de conformidade com os princípios da justiça e do direito internacional, a um ajuste ou solução das controvérsias ou situações que possam levar a uma perturbação da paz;

2. Desenvolver relações amistosas entre as nações, baseadas no respeito ao princípio de igualdade de direitos e de autodeterminação dos povos, e tomar outras medidas apropriadas ao fortalecimento da paz universal;

---

[64] Carta das Nações Unidas junto com o anexo Estatuto da Corte Internacional de Justiça, assinada em São Francisco, a 26 de junho de 1945, na Conferência de Organização Internacional das Nações Unidas. No ordenamento jurídico brasileiro foi incorporada pelo Decreto nº 19.841, de 22 de outubro de 1945, promulgado Presidente Getúlio Vargas e ratificado pelo Ministro das Relações Exteriores à época, Leão Velloso.

3. Conseguir uma cooperação internacional para resolver os problemas internacionais de caráter econômico, social, cultural ou humanitário, e para promover e estimular o respeito aos direitos humanos e às liberdades fundamentais para todos, sem distinção de raça, sexo, língua ou religião; e

4. Ser um centro destinado a harmonizar a ação das nações para a consecução desses objetivos comuns.

Artigo 2. A Organização e seus Membros, para a realização dos propósitos mencionados no Artigo 1, agirão de acordo com os seguintes Princípios:

1. A Organização é baseada no princípio da igualdade de todos os seus Membros.

2. Todos os Membros, a fim de assegurarem para todos em geral os direitos e vantagens resultantes de sua qualidade de Membros, deverão cumprir de boa fé as obrigações por eles assumidas de acordo com a presente Carta.

3. Todos os Membros deverão resolver suas controvérsias internacionais por meios pacíficos, de modo que não sejam ameaçadas a paz, a segurança e a justiça internacionais.

4. Todos os Membros deverão evitar em suas relações internacionais a ameaça ou o uso da força contra a integridade territorial ou a dependência política de qualquer Estado, ou qualquer outra ação incompatível com os Propósitos das Nações Unidas.

5. Todos os Membros darão às Nações toda assistência em qualquer ação a que elas recorrerem de acordo com a presente Carta e se absterão de dar auxílio a qual Estado contra o qual as Nações Unidas agirem de modo preventivo ou coercitivo.

6. A Organização fará com que os Estados que não são Membros das Nações Unidas ajam de acordo com esses Princípios em tudo quanto for necessário à manutenção da paz e da segurança internacionais.

7. Nenhum dispositivo da presente Carta autorizará as Nações Unidas a intervirem em assuntos que dependam essencialmente da jurisdição de qualquer Estado ou obrigará os Membros a submeterem tais assuntos a uma solução, nos termos da presente Carta; este princípio, porém, não prejudicará a aplicação das medidas coercitivas constantes do Capitulo VII.

CAPÍTULO II

DOS MEMBROS

Artigo 3. Os Membros originais das Nações Unidas serão os Estados que, tendo participado da Conferência das Nações Unidas sobre a Organização Internacional, realizada em São Francisco, ou, tendo assinado previamente a Declaração das Nações Unidas, de 1 de janeiro de 1942, assinarem a presente Carta, e a ratificarem, de acordo com o Artigo 110.

Artigo 4. 1. A admissão como Membro das Nações Unidas fica aberta a todos os Estados amantes da paz que aceitarem as obrigações contidas na presente Carta e que, a juízo da Organização, estiverem aptos e dispostos a cumprir tais obrigações.

2. A admissão de qualquer desses Estados como Membros das Nações Unidas será efetuada por decisão da Assembléia Geral, mediante recomendação do Conselho de Segurança.

Artigo 5. O Membro das Nações Unidas, contra o qual for levada a efeito ação preventiva ou coercitiva por parte do Conselho de Segurança, poderá ser suspenso do exercício dos direitos e privilégios de Membro pela Assembléia Geral, mediante recomendação do Conselho de Segurança. O exercício desses direitos e privilégios poderá ser restabelecido pelo conselho de Segurança.

Artigo 6. O Membro das Nações Unidas que houver violado persistentemente os Princípios contidos na presente Carta, poderá ser expulso da Organização pela Assembléia Geral mediante recomendação do Conselho de Segurança.

CAPÍTULO III

ÓRGÃOS

Artigo 7. 1. Ficam estabelecidos como órgãos principais das Nações Unidas: uma Assembléia Geral, um Conselho de Segurança, um Conselho Econômico e Social, um conselho de Tutela, uma Corte Internacional de Justiça e um Secretariado.

2. Serão estabelecidos, de acordo com a presente Carta, os órgãos subsidiários considerados de necessidade.

Artigo 8. As Nações Unidas não farão restrições quanto à elegibilidade de homens e mulheres destinados a participar em qualquer caráter e em condições de igualdade em seus órgãos principais e subsidiários.

CAPÍTULO IV

ASSEMBLÉIA GERAL

Composição

Artigo 9. 1. A Assembléia Geral será constituída por todos os Membros das Nações Unidas.

2. Cada Membro não deverá ter mais de cinco representantes na Assembléia Geral.

Funções e atribuições

Artigo 10. A Assembléia Geral poderá discutir quaisquer questões ou assuntos que estiverem dentro das finalidades da presente Carta ou que se relacionarem com as atribuições e funções de qualquer dos órgãos nela previstos e, com exceção do estipulado no Artigo 12, poderá fazer recomendações aos Membros das Nações Unidas ou ao Conselho de Segurança ou a este e àqueles, conjuntamente, com referência a qualquer daquelas questões ou assuntos.

Artigo 11. 1. A Assembléia Geral poderá considerar os princípios gerais de cooperação na manutenção da paz e da segurança internacionais, inclusive os princípios que disponham sobre o desarmamento e a regulamentação dos armamentos, e poderá fazer recomendações relativas a tais princípios aos Membros ou ao Conselho de Segurança, ou a este e àqueles conjuntamente.

2. A Assembléia Geral poderá discutir quaisquer questões relativas à manutenção da paz e da segurança internacionais, que a ela forem submetidas por qualquer Membro das Nações Unidas, ou pelo Conselho de Segurança, ou por um Estado que não seja Membro das Nações unidas, de acordo com o Artigo 35, parágrafo 2, e, com exceção do que fica estipulado no Artigo 12, poderá fazer recomendações relativas a quaisquer destas questões ao Estado ou Estados interessados, ou ao Conselho de Segurança ou a ambos. Qualquer destas questões, para cuja solução for necessária uma ação, será submetida ao Conselho de Segurança pela Assembléia Geral, antes ou depois da discussão.

3. A Assembléia Geral poderá solicitar a atenção do Conselho de Segurança para situações que possam constituir ameaça à paz e à segurança internacionais.

4. As atribuições da Assembléia Geral enumeradas neste Artigo não limitarão a finalidade geral do Artigo 10.

Artigo 12. 1. Enquanto o Conselho de Segurança estiver exercendo, em relação a qualquer controvérsia ou situação, as funções que lhe são atribuídas na presente Carta, a Assembléia Geral não fará nenhuma recomendação a respeito dessa controvérsia ou situação, a menos que o Conselho de Segurança a solicite.

2. O Secretário-Geral, com o consentimento do Conselho de Segurança, comunicará à Assembléia Geral, em cada sessão, quaisquer assuntos relativos à manutenção da paz e da segurança internacionais que estiverem sendo tratados pelo Conselho de Segurança, e da mesma maneira dará conhecimento de tais assuntos à Assembléia Geral, ou aos Membros das Nações Unidas se a Assembléia Geral não estiver em sessão, logo que o Conselho de Segurança terminar o exame dos referidos assuntos.

Artigo 13. 1. A Assembléia Geral iniciará estudos e fará recomendações, destinados a:

a) promover cooperação internacional no terreno político e incentivar o desenvolvimento progressivo do direito internacional e a sua codificação;

b) promover cooperação internacional nos terrenos econômico, social, cultural, educacional e sanitário e favorecer o pleno gozo dos direitos humanos e das liberdades fundamentais, por parte de todos os povos, sem distinção de raça, sexo, língua ou religião.

2. As demais responsabilidades, funções e atribuições da Assembléia Geral, em relação aos assuntos mencionados no parágrafo 1(b) acima, estão enumeradas nos Capítulos IX e X.

Artigo 14. A Assembléia Geral, sujeita aos dispositivos do Artigo 12, poderá recomendar medidas para a solução pacífica de qualquer situação, qualquer que seja sua origem, que lhe pareça prejudicial ao bem-estar geral ou às relações amistosas entre as nações, inclusive em situações que resultem da violação dos dispositivos da presente Carta que estabelecem os Propósitos e Princípios das Nações Unidas.

Artigo 15. 1 . A Assembléia Geral receberá e examinará os relatórios anuais e especiais do Conselho de Segurança. Esses relatórios incluirão uma relação das medidas que o Conselho de Segurança tenha adotado ou aplicado a fim de manter a paz e a segurança internacionais.

2. A Assembléia Geral receberá e examinará os relatórios dos outros órgãos das Nações Unidas.

Artigo 16. A Assembléia Geral desempenhará, com relação ao sistema internacional de tutela, as funções a ela atribuídas nos Capítulos XII e XIII, inclusive a aprovação de acordos de tutela referentes às zonas não designadas como estratégias.

Artigo 17. 1. A Assembléia Geral considerará e aprovará o orçamento da organização.

2. As despesas da Organização serão custeadas pelos Membros, segundo cotas fixadas pela Assembléia Geral.

3. A Assembléia Geral considerará e aprovará quaisquer ajustes financeiros e orçamentários com as entidades especializadas, a que se refere o Artigo 57 e examinará os orçamentos administrativos de tais instituições especializadas com o fim de lhes fazer recomendações.

Votação

Artigo 18. 1. Cada Membro da Assembléia Geral terá um voto.

2. As decisões da Assembléia Geral, em questões importantes, serão tomadas por maioria de dois terços dos Membros presentes e votantes. Essas questões compreenderão: recomendações relativas à manutenção da paz e da segurança internacionais; à eleição dos Membros não permanentes do Conselho de Segurança; à eleição dos Membros do Conselho Econômico e Social; à eleição dos Membros dos Conselho de Tutela, de acordo como parágrafo 1 (c) do Artigo 86; à admissão de novos Membros das Nações Unidas; à suspensão dos direitos e privilégios de Membros; à expulsão dos Membros; questões referentes o funcionamento do sistema de tutela e questões orçamentárias.

3. As decisões sobre outras questões, inclusive a determinação de categoria adicionais de assuntos a serem debatidos por uma maioria dos membros presentes e que votem.

Artigo 19. O Membro das Nações Unidas que estiver em atraso no pagamento de sua contribuição financeira à Organização não terá voto na Assembléia Geral, se o total de suas contribuições atrasadas igualar ou exceder a soma das contribuições correspondentes aos dois anos anteriores completos. A Assembléia Geral poderá entretanto, permitir que o referido Membro vote, se ficar provado que a falta de pagamento é devida a condições independentes de sua vontade.

Processo

Artigo 20. A Assembléia Geral reunir-se-á em sessões anuais regulares e em sessões especiais exigidas pelas circunstâncias. As sessões especiais serão convocadas pelo Secretário-Geral, a pedido do Conselho de Segurança ou da maioria dos Membros das Nações Unidas.

Artigo 21. A Assembléia Geral adotará suas regras de processo e elegerá seu presidente para cada sessão.

Artigo 22. A Assembléia Geral poderá estabelecer os órgãos subsidiários que julgar necessários ao desempenho de suas funções.

CAPITULO V

CONSELHO DE SEGURANÇA

Composição

Artigo 23. 1. O Conselho de Segurança será composto de quinze Membros das Nações Unidas. A República da China, a França, a União das Repúblicas Socialistas Soviéticas, o Reino Unido da Grã-Bretanha e Irlanda do norte e os Estados unidos da América serão membros permanentes do Conselho de Segurança. A Assembléia Geral elegerá dez outros Membros das Nações Unidas para Membros não permanentes do Conselho de Segurança, tendo especialmente em vista, em primeiro lugar, a contribuição dos Membros das Nações Unidas para a manutenção da paz e da segurança internacionais e para osoutros propósitos da Organização e também a distribuição geográfica equitativa.

2. Os membros não permanentes do Conselho de Segurança serão eleitos por um período de dois anos. Na primeira eleição dos Membros não permanentes do Conselho de Segurança, que se celebre depois de haver-se aumentado de onze para quinze o número de membros do Conselho de Segurança, dois dos quatro membros novos serão eleitos por um período de um ano. Nenhum membro que termine seu mandato poderá ser reeleito para o período imediato.

3. Cada Membro do Conselho de Segurança terá um representante.

Funções e atribuições

Artigo 24. 1. A fim de assegurar pronta e eficaz ação por parte das Nações Unidas, seus Membros conferem ao Conselho de Segurança a principal responsabilidade na manutenção da paz e da segurança internacionais e concordam em que no cumprimento dos deveres impostos por essa responsabilidade o Conselho de Segurança aja em nome deles.

2. No cumprimento desses deveres, o Conselho de Segurança agirá de acordo com os Propósitos e Princípios das Nações Unidas. As atribuições específicas do Conselho de Segurança para o cumprimento desses deveres estão enumeradas nos Capítulos VI, VII, VIII e XII.

3. O Conselho de Segurança submeterá relatórios anuais e, quando necessário, especiais à Assembléia Geral para sua consideração.

Artigo 25. Os Membros das Nações Unidas concordam em aceitar e executar as decisões do Conselho de Segurança, de acordo com a presente Carta.

Artigo 26. A fim de promover o estabelecimento e a manutenção da paz e da segurança internacionais, desviando para armamentos o menos possível dos recursos humanos e econômicos do mundo, o Conselho de Segurança terá o encargo de formular, com a assistência da Comissão de Estado Maior, a que se refere o Artigo 47, os planos a serem submetidos aos Membros das Nações Unidas, para o estabelecimento de um sistema de regulamentação dos armamentos.

Votação

Artigo 27. 1. Cada membro do Conselho de Segurança terá um voto.

2. As decisões do conselho de Segurança, em questões processuais, serão tomadas pelo voto afirmativo de nove Membros.

3. As decisões do Conselho de Segurança, em todos os outros assuntos, serão tomadas pelo voto afirmativo de nove membros, inclusive os votos afirmativos de todos os membros permanentes, ficando estabelecido que, nas

decisões previstas no Capítulo VI e no parágrafo 3 do Artigo 52, aquele que for parte em uma controvérsia se absterá de votar.

Artigo 28. 1. O Conselho de Segurança será organizado de maneira que possa funcionar continuamente. Cada membro do Conselho de Segurança será, para tal fim, em todos os momentos, representado na sede da Organização.

2. O Conselho de Segurança terá reuniões periódicas, nas quais cada um de seus membros poderá, se assim o desejar, ser representado por um membro do governo ou por outro representante especialmente designado.

3. O Conselho de Segurança poderá reunir-se em outros lugares, fora da sede da Organização, e que, a seu juízo, possam facilitar o seu trabalho.

Artigo 29. O Conselho de Segurança poderá estabelecer órgãos subsidiários que julgar necessários para o desempenho de suas funções.

Artigo 30. O Conselho de Segurança adotará seu próprio regulamento interno, que incluirá o método de escolha de seu Presidente.

Artigo 31. Qualquer membro das Nações Unidas, que não for membro do Conselho de Segurança, poderá participar, sem direito a voto, na discussão de qualquer questão submetida ao Conselho de Segurança, sempre que este considere que os interesses do referido Membro estão especialmente em jogo.

Artigo 32. Qualquer Membro das Nações Unidas que não for Membro do Conselho de Segurança, ou qualquer Estado que não for Membro das Nações Unidas será convidado,desde que seja parte em uma controvérsia submetida ao Conselho de Segurança,a participar, sem voto, na discussão dessa controvérsia. O Conselho de Segurança determinará as condições que lhe parecerem justas para a participação de um Estado que não for Membro das Nações Unidas.

CAPÍTULO VI

SOLUÇÃO PACÍFICA DE CONTROVÉRSIAS

Artigo 33. 1. As partes em uma controvérsia, que possa vir a constituir uma ameaça à paz e à segurança internacionais, procurarão, antes de tudo, chegar a uma solução por negociação, inquérito, mediação, conciliação, arbitragem, solução judicial, recurso a entidades ou acordos regionais, ou a qualquer outro meio pacífico à sua escolha.

2. O Conselho de Segurança convidará, quando julgar necessário, as referidas partes a resolver, por tais meios, suas controvérsias.

Artigo 34. O Conselho de Segurança poderá investigar sobre qualquer controvérsia ou situação suscetível de provocar atritos entre as Nações ou dar origem a uma controvérsia, a fim de determinar se a continuação de tal controvérsia ou situação pode constituir ameaça à manutenção da paz e da segurança internacionais.

Artigo 35. 1. Qualquer Membro das Nações Unidas poderá solicitar a atenção do Conselho de Segurança ou da Assembléia Geral para qualquer controvérsia, ou qualquer situação, da natureza das que se acham previstas no Artigo 34.

2. Um Estado que não for Membro das Nações Unidas poderá solicitar a atenção do Conselho de Segurança ou da Assembléia Geral para qualquer controvérsia em que seja parte, uma vez que aceite, previamente, em relação a essa controvérsia, as obrigações de solução pacífica previstas na presente Carta.

3. Os atos da Assembléia Geral, a respeito dos assuntos submetidos à sua atenção, de acordo com este Artigo, serão sujeitos aos dispositivos dos Artigos 11 e 12.

Artigo 36. 1. O conselho de Segurança poderá, em qualquer fase de uma controvérsia da natureza a que se refere o Artigo 33, ou de uma situação de natureza semelhante, recomendar procedimentos ou métodos de solução apropriados.

2. O Conselho de Segurança deverá tomar em consideração quaisquer procedimentos para a solução de uma controvérsia que já tenham sido adotados pelas partes.

3. Ao fazer recomendações, de acordo com este Artigo, o Conselho de Segurança deverá tomar em consideração que as controvérsias de caráter jurídico devem, em regra geral, ser submetidas pelas partes à Corte Internacional de Justiça, de acordo com os dispositivos do Estatuto da Corte.

Artigo 37. 1. No caso em que as partes em controvérsia da natureza a que se refere o Artigo 33 não conseguirem resolve-la pelos meios indicados no mesmo Artigo, deverão submete-la ao Conselho de Segurança.

2. O Conselho de Segurança, caso julgue que a continuação dessa controvérsia poderá realmente constituir uma ameaça à manutenção da paz e da segurança internacionais, decidirá sobre a conveniência de agir de acordo com o Artigo 36 ou recomendar as condições que lhe parecerem apropriadas à sua solução.

Artigo 38. Sem prejuízo dos dispositivos dos Artigos 33 a 37, o Conselho de Segurança poderá, se todas as partes em uma controvérsia assim o solicitarem, fazer recomendações às partes, tendo em vista uma solução pacífica da controvérsia.

CAPÍTULO VII

AÇÃO RELATIVA A AMEAÇAS À PAZ, RUPTURA DA PAZ E ATOS DE AGRESSÃO

Artigo 39. O Conselho de Segurança determinará a existência de qualquer ameaça à paz, ruptura da paz ou ato de agressão, e fará recomendações ou decidirá que medidas deverão ser tomadas de acordo com os Artigos 41 e 42, a fim de manter ou restabelecer a paz e a segurança internacionais.

Artigo 40. A fim de evitar que a situação se agrave, o Conselho de Segurança poderá, antes de fazer as recomendações ou decidir a respeito das medidas previstas no Artigo 39, convidar as partes interessadas a que aceitem as medidas provisórias que lhe pareçam necessárias ou aconselháveis. Tais medidas provisórias não prejudicarão os direitos ou pretensões , nem a situação das partes interessadas. O Conselho de Segurança tomará devida nota do não cumprimento dessas medidas.

Artigo 41. O Conselho de Segurança decidirá sobre as medidas que, sem envolver o emprego de forças armadas, deverão ser tomadas para tornar efetivas suas decisões e poderá convidar os Membros das Nações Unidas a aplicarem tais medidas. Estas poderão incluir a interrupção completa ou parcial das relações econômicas, dos meios de comunicação ferroviários, marítimos, aéreos , postais, telegráficos, radiofônicos, ou de outra qualquer espécie e o rompimento das relações diplomáticas.

Artigo 42. No caso de o Conselho de Segurança considerar que as medidas previstas no Artigo 41 seriam ou demonstraram que são inadequadas, poderá levar a efeito, por meio de forças aéreas, navais ou terrestres, a ação que julgar necessária para manter ou restabelecer a paz e a segurança internacionais. Tal ação poderá compreender demonstrações, bloqueios e outras operações, por parte das forças aéreas, navais ou terrestres dos Membros das Nações Unidas.

Artigo 43. 1. Todos os Membros das Nações Unidas, a fim de contribuir para a manutenção da paz e da segurança internacionais, se comprometem a proporcionar ao Conselho de Segurança, a seu pedido e de conformidade com o acôrdo ou acordos especiais, forças armadas, assistência e facilidades, inclusive direitos de passagem, necessários à manutenção da paz e da segurança internacionais.

2. Tal acôrdo ou tais acordos determinarão o número e tipo das forças, seu grau de preparação e sua localização geral, bem como a natureza das facilidades e da assistência a serem proporcionadas.

3. O acôrdo ou acordos serão negociados o mais cedo possível, por iniciativa do Conselho de Segurança. Serão concluídos entre o Conselho de Segurança e Membros da Organização ou entre o Conselho de Segurança e grupos de Membros e submetidos à ratificação, pelos Estados signatários, de conformidade com seus respectivos processos constitucionais.

Artigo 44. Quando o Conselho de Segurança decidir o emprego de força, deverá, antes de solicitar a um Membro nele não representado o fornecimento de forças armadas em cumprimento das obrigações assumidas em virtude do Artigo 43, convidar o referido Membro, se este assim o desejar, a participar das decisões do Conselho de Segurança relativas ao emprego de contingentes das forças armadas do dito Membro.

Artigo 45. A fim de habilitar as Nações Unidas a tomarem medidas militares urgentes, os Membros das Nações Unidas deverão manter, imediatamente utilizáveis, contingentes das forças aéreas nacionais para a execução combinada de uma ação coercitiva internacional. A potência e o grau de preparação desses contingentes, como os planos de ação combinada, serão determinados pelo Conselho de Segurança com a assistência da Comissão de Estado Maior, dentro dos limites estabelecidos no acordo ou acordos especiais a que se refere o Artigo 43.

Artigo 46. O Conselho de Segurança, com a assistência da Comissão de Estado Maior, fará planos para a aplicação das forças armadas.

Artigo 47. 1 . Será estabelecia uma Comissão de Estado Maior destinada a orientar e assistir o Conselho de Segurança, em todas as questões relativas às exigências militares do mesmo Conselho, para manutenção da paz e da segurança internacionais, utilização e comando das forças colocadas à sua disposição, regulamentação de armamentos e possível desarmamento.

2. A Comissão de Estado Maior será composta dos Chefes de Estado Maior dos Membros Permanentes do Conselho de Segurança ou de seus representantes. Todo Membro das Nações Unidas que não estiver permanentemente representado na Comissão será por esta convidado a tomar parte nos seus trabalhos, sempre que a sua participação for necessária ao eficiente cumprimento das responsabilidades da Comissão.

3. A Comissão de Estado Maior será responsável, sob a autoridade do Conselho de Segurança, pela direção estratégica de todas as forças armadas postas à disposição do dito Conselho. As questões relativas ao comando dessas forças serão resolvidas ulteriormente.

4. A Comissão de Estado Maior, com autorização do Conselho de Segurança e depois de consultar os organismos regionais adequados, poderá estabelecer sob-comissões regionais.

Artigo 48. 1. A ação necessária ao cumprimento das decisões do Conselho de Segurança para manutenção da paz e da segurança internacionais será levada a efeito por todos os Membros das Nações Unidas ou por alguns deles, conforme seja determinado pelo Conselho de Segurança.

2. Essas decisões serão executas pelos Membros das Nações Unidas diretamente e, por seu intermédio, nos organismos internacionais apropriados de que façam parte.

Artigo 49. Os Membros das Nações Unidas prestar-se-ão assistência mútua para a execução das medidas determinadas pelo Conselho de Segurança.

Artigo 50. No caso de serem tomadas medidas preventivas ou coercitivas contra um Estado pelo Conselho de Segurança, qualquer outro Estado, Membro ou não das Nações unidas, que se sinta em presença de problemas especiais de natureza econômica, resultantes da execução daquelas medidas, terá o direito de consultar o Conselho de Segurança a respeito da solução de tais problemas.

Artigo 51. Nada na presente Carta prejudicará o direito inerente de legítima defesa individual ou coletiva no caso de ocorrer um ataque armado contra um Membro das Nações Unidas, até que o Conselho de Segurança tenha tomado as medidas necessárias para a manutenção da paz e da segurança internacionais. As medidas tomadas pelos Membros no exercício desse direito de legítima defesa serão comunicadas imediatamente ao Conselho de Segurança e não deverão, de modo algum, atingir a autoridade e a responsabilidade que a presente Carta atribui ao Conselho para levar a efeito, em qualquer tempo, a ação que julgar necessária à manutenção ou ao restabelecimento da paz e da segurança internacionais.

CAPÍTULO VIII

ACORDOS REGIONAIS

Artigo 52. 1. Nada na presente Carta impede a existência de acordos ou de entidades regionais, destinadas a tratar dos assuntos relativos à manutenção da paz e da segurança internacionais que forem suscetíveis de uma ação regional, desde que tais acordos ou entidades regionais e suas atividades sejam compatíveis com os Propósitos e Princípios das Nações Unidas.

2. Os Membros das Nações Unidas, que forem parte em tais acordos ou que constituírem tais entidades, empregarão todo os esforços para chegar a uma solução pacífica das controvérsias locais por meio desses acordos e entidades regionais, antes de as submeter ao Conselho de Segurança.

3. O Conselho de Segurança estimulará o desenvolvimento da solução pacífica de controvérsias locais mediante os referidos acordos ou entidades regionais, por iniciativa dos Estados interessados ou a instância do próprio conselho de Segurança.

4. Este Artigo não prejudica, de modo algum, a aplicação dos Artigos 34 e 35.

Artigo 53. 1. O conselho de Segurança utilizará, quando for o caso, tais acordos e entidades regionais para uma ação coercitiva sob a sua própria autoridade. Nenhuma ação coercitiva será, no entanto, levada a efeito de conformidade com acordos ou entidades regionais sem autorização do Conselho de Segurança, com exceção das medidas contra um Estado inimigo como está definido no parágrafo 2 deste Artigo, que forem determinadas em consequência do Artigo 107 ou em acordos regionais destinados a impedir a renovação de uma política agressiva por parte de qualquer desses Estados, até o momento em que a Organização possa, a pedido dos Governos interessados, ser incumbida de impedir toda nova agressão por parte de tal Estado.

2. O termo Estado inimigo, usado no parágrafo 1 deste Artigo, aplica-se a qualquer Estado que, durante a Segunda Guerra Mundial, foi inimigo de qualquer signatário da presente Carta.

Artigo 54. O Conselho de Segurança será sempre informado de toda ação empreendida ou projetada de conformidade com os acordos ou entidades regionais para manutenção da paz e da segurança internacionais.

CAPÍTULO IX

COOPERAÇÃO ECONÔMICA E SOCIAL INTERNACIONAL

Artigo 55. Com o fim de criar condições de estabilidade e bem estar, necessárias às relações pacíficas e amistosas entre as Nações, baseadas no respeito ao princípio da igualdade de direitos e da autodeterminação dos povos, as Nações Unidas favorecerão:

a) níveis mais altos de vida, trabalho efetivo e condições de progresso e desenvolvimento econômico e social;

b) a solução dos problemas internacionais econômicos, sociais, sanitários e conexos; a cooperação internacional, de caráter cultural e educacional; e

c) o respeito universal e efetivo dos direitos humanos e das liberdades fundamentais para todos, sem distinção de raça, sexo, língua ou religião.

Artigo 56. Para a realização dos propósitos enumerados no Artigo 55, todos os Membros da Organização se comprometem a agir em cooperação com esta, em conjunto ou separadamente.

Artigo 57.1. As várias entidades especializadas, criadas por acordos intergovernamentais e com amplas responsabilidades internacionais, definidas em seus instrumentos básicos, nos campos econômico, social, cultural, educacional, sanitário e conexos, serão vinculadas às Nações Unidas, de conformidade com as disposições do Artigo 63.

2. Tais entidades assim vinculadas às Nações Unidas serão designadas, daqui por diante, como entidades especializadas.

Artigo 58. A Organização fará recomendação para coordenação dos programas e atividades das entidades especializadas.

Artigo 59. A Organização, quando julgar conveniente, iniciará negociações entre os Estados interessados para a criação de novas entidades especializadas que forem necessárias ao cumprimento dos propósitos enumerados no Artigo 55.

Artigo 60. A Assembléia Geral e, sob sua autoridade, o Conselho Econômico e Social, que dispões, para esse efeito, da competência que lhe é atribuída no Capítulo X, são incumbidos de exercer as funções da Organização estipuladas no presente Capítulo.

CAPÍTULO X

CONSELHO ECONÔMICO E SOCIAL

Composição

Artigo 61. 1. O Conselho Econômico e Social será composto de cinquenta e quatro Membros das Nações Unidas eleitos pela Assembléia Geral.

2 De acordo com os dispositivos do parágrafo 3, dezoito Membros do Conselho Econômico e Social serão eleitos cada ano para um período de três anos, podendo, ao terminar esse prazo, ser reeleitos para o período seguinte.

3. Na primeira eleição a realizar-se depois de elevado de vinte e sete para cinquenta e quatro o número de Membros do Conselho Econômico e Social, além dos Membros que forem eleitos para substituir os nove Membros, cujo mandato expira no fim desse ano, serão eleitos outros vinte e sete Membros. O mandato de nove destes vinte e sete Membros suplementares assim eleitos expirará no fim de um ano e o de nove outros no fim de dois anos, de acordo com o que for determinado pela Assembléia Geral.

4. Cada Membro do Conselho Econômico e social terá nele um representante.

Funções e atribuições

Artigo 62. 1 . O Conselho Econômico e Social fará ou iniciará estudose relatórios a respeito de assuntos internacionais de caráter econômico, social, cultural, educacional, sanitário e conexos e poderá fazer recomendações a respeito de tais assuntos à Assembléia Geral, aos Membros das Nações Unidas e às entidades especializadas interessadas.

2. Poderá, igualmente, fazer recomendações destinadas a promover o respeito e a observância dos direitos humanos e das liberdades fundamentais para todos.

3. Poderá preparar projetos de convenções a serem submetidos à Assembléia Geral, sobre assuntos de sua competência.

4. Poderá convocar, de acordo com as regras estipuladas pelas Nações Unidas, conferências internacionais sobre assuntos de sua competência.

Artigo 63. 1. O conselho Econômico e Social poderá estabelecer acordos com qualquer das entidades a que se refere o Artigo 57, a fim de determinar as condições em que a entidade interessada será vinculada às Nações Unidas. Tais acordos serão submetidos à aprovação da Assembléia Geral.

2. Poderá coordenar as atividades das entidades especializadas, por meio de consultas e recomendações às mesmas e de recomendações à Assembléia Geral e aos Membros das Nações Unidas.

Artigo 64. 1. O Conselho Econômico e Social poderá tomar as medidasadequadas a fim de obter relatórios regulares das entidades especializadas. Poderá entrar em entendimentos com os Membros das Nações Unidas e com as entidades especializadas, a fim de obter relatórios sobre as medidas tomadas para cumprimento de suas próprias recomendações e das que forem feitas pelas Assembléia Geral sobre assuntos da competência do Conselho.

2. Poderá comunicar à Assembléia Geral suas observações a respeito desses relatórios.

Artigo 65. O Conselho Econômico e Social poderá fornecer informações ao Conselho de Segurança e, a pedido deste, prestar-lhe assistência.

Artigo 66. 1. O Conselho Econômico e Social desempenhará as funçõesque forem de sua competência em relação ao cumprimento das recomendações da Assembléia Geral.

2. Poderá mediante aprovação da Assembléia Geral, prestar os serviços que lhe forem solicitados pelos Membros das Nações unidas e pelas entidades especializadas.

3. Desempenhará as demais funções específicas em outras partes da presente Carta ou as que forem atribuídas pela Assembléia Geral.

Votação

Artigo 67. 1. Cada Membro do Conselho Econômico e Social terá um voto.

2. As decisões do Conselho Econômico e Social serão tomadas por maioria dos membros presentes e votantes.

Processo

Artigo 68. O Conselho Econômico e Social criará comissões para os assuntos econômicos e sociais e a proteção dos direitos humanos assim como outras comissões que forem necessárias para o desempenho de suas funções.

Artigo 69. O Conselho Econômico e Social poderá convidar qualquer Membro das Nações Unidas a tomar parte, sem voto, em suas deliberações sobre qualquer assunto que interesse particularmente a esse Membro.

Artigo 70. O Conselho Econômico e Social poderá entrar em entendimentos para que representantes das entidades especializadas tomem parte, sem voto, em suas deliberações e nas das comissões por ele criadas, e para que os seus próprios representantes tomem parte nas deliberações das entidades especializadas.

Artigo 71. O Conselho Econômico e Social poderá entrar nos entendimentos convenientes para a consulta com organizações não governamentais, encarregadas de questões que estiverem dentro da sua própria competência. Tais entendimentos poderão ser feitos com organizações internacionais e, quando for o caso, com organizações nacionais, depois de efetuadas consultas com o Membro das Nações Unidas no caso.

Artigo 72. 1 . O Conselho Econômico e Social adotará seu próprio regulamento, que incluirá o método de escolha de seu Presidente.

2. O Conselho Econômico e Social reunir-se-á quando for necessário, de acordo com o seu regulamento, o qual deverá incluir disposições referentes à convocação de reuniões a pedido da maioria dos Membros.

CAPÍTULO XI

DECLARAÇÃO RELATIVA A TERRITÓRIOS SEM GOVERNO PRÓPRIO

Artigo 73. Os Membros das Nações Unidas, que assumiram ou assumam responsabilidades pela administração de territórios cujos povos não tenham atingido a plena capacidade de se governarem a si mesmos, reconhecem o princípio de que os interesses dos habitantes desses territórios são da mais alta importância, e aceitam, como missão sagrada, a obrigação de promover no mais alto grau, dentro do sistema de paz e segurança internacionais estabelecido na presente Carta, o bem-estar dos habitantes desses territórios e, para tal fim, se obrigam a:

a) assegurar, com o devido respeito à cultura dos povos interessados, o seu progresso político, econômico, social e educacional, o seu tratamento equitativo e a sua proteção contra todo abuso;

b) desenvolver sua capacidade de governo próprio, tomar devida nota das aspirações políticas dos povos e auxiliá-los no desenvolvimento progressivo de suas instituições políticas livres, de acordo com as circunstâncias peculiares a cada território e seus habitantes e os diferentes graus de seu adiantamento;

 c)consolidar a paz e a segurança internacionais;

d) promover medidas construtivas de desenvolvimento, estimular pesquisas, cooperar uns com os outros e, quando for o caso, com entidades internacionais especializadas, com vistas à realização prática dos propósitos de ordem social, econômica ou científica enumerados neste Artigo; e

e) transmitir regularmente ao Secretário-Geral, para fins de informação, sujeitas às reservas impostas por considerações de segurança e de ordem constitucional, informações estatísticas ou de outro caráter técnico, relativas às condições econômicas, sociais e educacionais dos territórios pelos quais são respectivamente responsáveis e que não estejam compreendidos entre aqueles a que se referem os Capítulos XII e XIII da Carta.

Artigo 74. Os Membros das Nações Unidas concordam também em que a sua política com relação aos territórios a que se aplica o presente Capítulo deve ser baseada, do mesmo modo que a política seguida nos respectivos territórios metropolitanos, no princípio geral de boa vizinhança, tendo na devida conta os interesses e o bem-estar do resto do mundo no que se refere às questões sociais, econômicas e comerciais.

CAPÍTULO XII

SISTEMA INTERNACIONAL DE TUTELA

Artigo 75. As nações Unidas estabelecerão sob sua autoridade um sistema internacional de tutela para a administração e fiscalização dos territórios que possam ser colocados sob tal sistema em consequência de futuros acordos individuais. Esses territórios serão, daqui em diante, mencionados como territórios tutelados.

Artigo 76. Os objetivos básicos do sistema de tutela, de acordo com os Propósitos das Nações Unidas enumerados no Artigo 1 da presente Carta serão:

a) favorecer a paz e a segurança internacionais;

b) fomentar o progresso político, econômico, social e educacional dos habitantes dos territórios tutelados e o seu desenvolvimento progressivo para alcançar governo próprio ou independência, como mais convenha às circunstâncias particulares de cada território e de seus habitantes e aos desejos livremente expressos dos povos interessados e como for previsto nos termos de cada acordo de tutela;

c) estimular o respeito aos direitos humanos e às liberdades fundamentais para todos, sem distinção de raça, sexo língua ou religião e favorecer o reconhecimento da interdependência de todos os povos; e

d) assegurar igualdade de tratamento nos domínios social, econômico e comercial para todos os Membros das nações Unidas e seus nacionais e, para estes últimos, igual tratamento na administração da justiça, sem prejuízo dos objetivos acima expostos e sob reserva das disposições do Artigo 80.

Artigo 77. 1. O sistema de tutela será aplicado aos territórios das categorias seguintes, que venham a ser colocados sob tal sistema por meio de acordos de tutela:

a) territórios atualmente sob mandato;

b) territórios que possam ser separados de Estados inimigos em consequência da Segunda Guerra Mundial; e

c) territórios voluntariamente colocados sob tal sistema por Estados responsáveis pela sua administração.

2. Será objeto de acordo ulterior a determinação dos territórios das categorias acima mencionadas a serem colocados sob o sistema de tutela e das condições em que o serão.

Artigo 78. O sistema de tutela não será aplicado a territórios que se tenham tornado Membros das Nações Unidas, cujas relações mútuas deverão basear-se no respeito ao princípio da igualdade soberana.

Artigo 79. As condições de tutela em que cada território será colocado sob este sistema, bem como qualquer alteração ou emenda, serão determinadas por acordo entre os Estados diretamente interessados, inclusive a potência mandatária no caso de território sob mandato de um Membro das Nações Unidas e serão aprovadas de conformidade com as disposições dos Artigos 83 e 85.

Artigo 80. 1. Salvo o que for estabelecido em acordos individuais de tutela, feitos de conformidade com os Artigos 77, 79 e 81, pelos quais se coloque cada território sob este sistema e até que tais acordos tenham sido concluídos, nada neste Capítulo será interpretado como alteração de qualquer espécie nos direitos de qualquer

Estado ou povo ou dos termos dos atos internacionais vigentes em que os Membros das Nações Unidas forem partes.

2. O parágrafo 1 deste Artigo não será interpretado como motivo para demora ou adiamento da negociação e conclusão de acordos destinados a colocar territórios dentro do sistema de tutela, conforme as disposições do Artigo 77.

Artigo 81. O acordo de tutela deverá, em cada caso, incluir as condições sob as quais o território tutelado será administrado e designar a autoridade que exercerá essa administração. Tal autoridade, daqui por diante chamada a autoridade administradora, poderá ser um ou mais Estados ou a própria Organização.

Artigo 82. Poderão designar-se, em qualquer acordo de tutela, uma ou várias zonas estratégicas, que compreendam parte ou a totalidade do território tutelado a que o mesmo se aplique, sem prejuízo de qualquer acordo ou acordos especiais feitos de conformidade com o Artigo 43.

Artigo 83. 1. Todas as funções atribuídas às Nações Unidas relativamente às zonas estratégicas, inclusive a aprovação das condições dos acordos de tutela, assim como de sua alteração ou emendas, serão exercidas pelo Conselho de Segurança.

2. Os objetivos básicos enumerados no Artigo 76 serão aplicáveis aos habitantes de cada zona estratégica.

3. O Conselho de Segurança, ressalvadas as disposições dos acordos de tutela e sem prejuízo das exigências de segurança, poderá valer-se da assistência do Conselho de Tutela para desempenhar as funções que cabem às Nações Unidas pelo sistema de tutela, relativamente a matérias políticas, econômicas, sociais ou educacionais dentro das zonas estratégicas.

Artigo 84. A autoridade administradora terá o dever de assegurar que o território tutelado preste sua colaboração à manutenção da paz e da segurança internacionais. para tal fim, a autoridade administradora poderá fazer uso de forças voluntárias, de facilidades e da ajuda do território tutelado para o desempenho das obrigações por ele assumidas a este respeito perante o Conselho de Segurança, assim como para a defesa local e para a manutenção da lei e da ordem dentro do território tutelado.

Artigo 85. 1. As funções das Nações Unidas relativas a acordos de tutela para todas as zonas não designadas como estratégias, inclusive a aprovação das condições dos acordos de tutela e de sua alteração ou emenda , serão exercidas pela Assembléia Geral.

2. O Conselho de Tutela, que funcionará sob a autoridade da Assembléia Geral, auxiliará esta no desempenho dessas atribuições.

CAPÍTULO XIII

CONSELHO DE TUTELA

Composição

Artigo 86. 1. O Conselho de Tutela será composto dos seguintes Membros das Nações Unidas:

a) os Membros que administrem territórios tutelados;

b) aqueles dentre os Membros mencionados nominalmente no Artigo 23, que não estiverem administrando territórios tutelados; e

c) quantos outros Membros eleitos por um período de três anos, pela Assembléia Geral, sejam necessários para assegurar que o número total de Membros do Conselho de Tutela fique igualmente dividido entre os Membros das Nações Unidas que administrem territórios tutelados e aqueles que o não fazem.

2. Cada Membro do Conselho de Tutela designará uma pessoa especialmente qualificada para representá-lo perante o Conselho.

Artigo 87. A Assembléia Geral e, sob a sua autoridade, o Conselho de Tutela, no desempenho de suas funções, poderão:

a) examinar os relatórios que lhes tenham sido submetidos pela autoridade administradora;

b) Aceitar petições e examiná-las, em consulta com a autoridade administradora;

c) providenciar sobre visitas periódicas aos territórios tutelados em épocas ficadas de acordo com a autoridade administradora; e

d) tomar estas e outras medidas de conformidade com os termos dos acordos de tutela.

Artigo 88. O Conselho de Tutela formulará um questionário sobre o adiantamento político, econômico, social e educacional dos habitantes de cada território tutelado e a autoridade administradora de cada um destes territórios, dentro da competência da Assembléia Geral, fará um relatório anual à Assembléia, baseado no referido questionário.

Votação

Artigo 89 - 1. Cada Membro do Conselho de Tutela terá um voto.

2. As decisões do Conselho de Tutela serão tomadas poruma maioria dos membros presentes e votantes.

Processo

Artigo 90. 1. O Conselho de Tutela adotará seu próprio regulamento que incluirá o método de escolha de seu Presidente.

2. O Conselho de Tutela reunir-se-á quando for necessário, de acordo com o seu regulamento, que incluirá uma disposição referente à convocação de reuniões a pedido da maioria dos seus membros.

Artigo 91. O Conselho de Tutela valer-se-á, quando for necessário,da colaboração do Conselho Econômico e Social e das entidades especializadas, a respeito das matérias em que estas e aquele sejam respectivamente interessados.

CAPÍTULO XIV

A CORTE INTERNACIONAL DE JUSTIÇA

Artigo 92. A Corte Internacional de Justiça será o principal órgão judiciário das Nações Unidas. Funcionará de acordo com o Estatuto anexo, que é baseado no Estatuto da Corte Permanente de Justiça Internacional e faz parte integrante da presente Carta.

Artigo 93. 1. Todos os Membros das Nações Unidas são ipso facto partes do Estatuto da Corte Internacional de Justiça.

2. Um Estado que não for Membro das Nações Unidas poderá tornar-se parte no Estatuto da Corte Internacional de Justiça, em condições que serão determinadas, em cada caso, pela Assembléia Geral, mediante recomendação do Conselho de Segurança.

Artigo 94. 1. Cada Membro das Nações Unidas se compromete a conformar-se com a decisão da Corte Internacional de Justiça em qualquer caso em que for parte.

2. Se uma das partes num caso deixar de cumprir as obrigações que lhe incumbem em virtude de sentença proferida pela Corte, a outra terá direito de recorrer ao Conselho de Segurança que poderá, se julgar necessário, fazer recomendações ou decidir sobre medidas a serem tomadas para o cumprimento da sentença.

Artigo 95. Nada na presente Carta impedirá os Membros das Nações Unidas de confiarem a solução de suas divergências a outros tribunais, em virtude de acordos já vigentes ou que possam ser concluídos no futuro.

Artigo 96. 1. A Assembléia Geral ou o Conselho de Segurança poderá solicitar parecer consultivo da Corte Internacional de Justiça, sobre qualquer questão de ordem jurídica.

2. Outros órgãos das Nações Unidas e entidades especializadas, que forem em qualquer época devidamente autorizados pela Assembléia Geral, poderão também solicitar pareceres consultivos da Corte sobre questões jurídicas surgidas dentro da esfera de suas atividades.

CAPÍTULO XV

O SECRETARIADO

Artigo 97. O Secretariado será composto de um Secretário-Geral e do pessoal exigido pela Organização. O Secretário-Geral será indicado pela Assembléia Geral mediante a recomendação do Conselho de Segurança. Será o principal funcionário administrativo da Organização.

Artigo 98. O Secretário-Geral atuará neste caráter em todas as reuniões da Assembléia Geral, do Conselho de Segurança, do Conselho Econômico e Social e do Conselho de Tutela e desempenhará outras funções que lhe forem atribuídas por estes órgãos. O Secretário-Geral fará um relatório anual à Assembléia Geral sobre os trabalhos da Organização.

Artigo 99. O Secretário-Geral poderá chamar a atenção do Conselho de Segurança para qualquer assunto que em sua opinião possa ameaçar a manutenção da paz e da segurança internacionais.

Artigo 100. 1. No desempenho de seus deveres, o Secretário-Geral e o pessoal do Secretariado não solicitarão nem receberão instruções de qualquer governo ou de qualquer autoridade estranha à organização. Abster-se-ão de qualquer ação que seja incompatível com a sua posição de funcionários internacionais responsáveis somente perante a Organização.

2. Cada Membro das Nações Unidas se compromete a respeitar o caráter exclusivamente internacional das atribuições do Secretário-Geral e do pessoal do Secretariado e não procurará exercer qualquer influência sobre eles, no desempenho de suas funções.

Artigo 101. 1. O pessoal do Secretariado será nomeado pelo Secretário Geral, de acordo com regras estabelecidas pela Assembléia Geral.

2. Será também nomeado, em caráter permanente, o pessoal adequado para o Conselho Econômico e Social, o conselho de Tutela e, quando for necessário, para outros órgãos das Nações Unidas. Esses funcionários farão parte do Secretariado.

3. A consideração principal que prevalecerá na escolha do pessoal e na determinação das condições de serviço será a da necessidade de assegurar o mais alto grau de eficiência, competência e integridade. Deverá ser levada na devida conta a importância de ser a escolha do pessoal feita dentro do mais amplo critério geográfico possível.

CAPÍTULO XVI

DISPOSIÇÕES DIVERSAS

Artigo 102. 1. Todo tratado e todo acordo internacional, concluídos por qualquer Membro das Nações Unidas depois da entrada em vigor da presente Carta, deverão, dentro do mais breve prazo possível, ser registrados e publicados pelo Secretariado.

2. Nenhuma parte em qualquer tratado ou acordo internacional que não tenha sido registrado de conformidade com as disposições do parágrafo 1 deste Artigo poderá invocar tal tratado ou acordo perante qualquer órgão das Nações Unidas.

Artigo 103. No caso de conflito entre as obrigações dos Membros das Nações Unidas, em virtude da presente Carta e as obrigações resultantes de qualquer outro acordo internacional, prevalecerão as obrigações assumidas em virtude da presente Carta.

Artigo 104. A Organização gozará, no território de cada um de seus Membros, da capacidade jurídica necessária ao exercício de suas funções e à realização de seus propósitos.

Artigo 105. 1. A Organização gozará, no território de cada um de seus Membros, dos privilégios e imunidades necessários à realização de seus propósitos.

2. Os representantes dos Membros das Nações Unidas e os funcionários da Organização gozarão, igualmente, dos privilégios e imunidades necessários ao exercício independente de sus funções relacionadas com a Organização.

3. A Assembléia Geral poderá fazer recomendações com o fim de determinar os pormenores da aplicação dos parágrafos 1 e 2 deste Artigo ou poderá propor aos Membros das Nações Unidas convenções nesse sentido.

CAPÍTULO XVII

DISPOSIÇÕES TRANSITÓRIAS SOBRE SEGURANÇA

Artigo 106. Antes da entrada em vigor dos acordos especiais a que se refere o Artigo 43, que, a juízo do Conselho de Segurança, o habilitem ao exercício de suas funções previstas no Artigo 42, as partes na Declaração das Quatro Nações, assinada em Moscou, a 30 de outubro de 1943, e a França, deverão, de acordo com as disposições do parágrafo 5 daquela Declaração, consultar-se entre si e, sempre que a ocasião o exija, com outros Membros das Nações Unidas a fim de ser levada a efeito, em nome da Organização, qualquer ação conjunta que se torne necessária à manutenção da paz e da segurança internacionais.

Artigo 107. Nada na presente Carta invalidará ou impedirá qualquer ação que, em relação a um Estado inimigo de qualquer dos signatários da presente Carta durante a Segunda Guerra Mundial, for levada a efeito ou autorizada em consequência da dita guerra, pelos governos responsáveis por tal ação.

CAPÍTULO XVIII

EMENDAS

Artigo 108. As emendas à presente Carta entrarão em vigor para todos os Membros das Nações Unidas, quando forem adotadas pelos votos de dois terços dos membros da Assembléia Geral e ratificada de acordo com os seus respectivos métodos constitucionais por dois terços dos Membros das Nações Unidas, inclusive todos os membros permanentes do Conselho de Segurança.

Artigo 109. 1. Uma Conferência Geral dos Membros das Nações Unidas, destinada a rever a presente Carta, poderá reunir-se em data e lugar a serem fixados pelo voto de dois terços dos membros da Assembléia Geral e de nove membros quaisquer do Conselho de Segurança. Cada Membro das Nações Unidas terá voto nessa Conferência.

2. Qualquer modificação à presente Carta, que for recomendada por dois terços dos votos da Conferência, terá efeito depois de ratificada, de acordo com os respectivos métodos constitucionais, por dois terços dos Membros das Nações Unidas, inclusive todos os membros permanentes do Conselho de Segurança.

3. Se essa Conferência não for celebrada antes da décima sessão anual da Assembléia Geral que se seguir à entrada em vigor da presente Carta, a proposta de sua convocação deverá figurar na agenda da referida sessão da Assembléia Geral, e a Conferência será realizada, se assim for decidido por maioria de votos dos membros da Assembléia Geral, e pelo voto de sete membros quaisquer do Conselho de Segurança.

CAPÍTULO XIX

RATIFICAÇÃO E ASSINATURA

Artigo 110. 1. A presente Carta deverá ser ratificada pelos Estados signatários, de acordo com os respectivos métodos constitucionais.

2. As ratificações serão depositadas junto ao Governo dos Estados Unidos da América, que notificará de cada depósito todos os Estados signatários, assim como o Secretário-Geral da Organização depois que este for escolhido.

3. A presente Carta entrará em vigor depois do depósito de ratificações pela República da China, França, união das Repúblicas Socialistas Soviéticas, Reino Unido da Grã Bretanha e Irlanda do Norte e Estados Unidos da América e ela maioria dos outros Estados signatários. O Governo dos Estados Unidos da América organizará, em seguida, um protocolo das ratificações depositadas, o qual será comunicado, por meio de cópias, aos Estados signatários.

4. Os Estados signatários da presente Carta, que a ratificarem depois de sua entrada em vigor tornar-se-ão membros fundadores das Nações Unidas, na data do depósito de suas respectivas ratificações.

Artigo 111. A presente Carta, cujos textos em chinês, francês, russo, inglês, e espanhol fazem igualmente fé, ficará depositada nos arquivos do Governo dos Estados Unidos da América. Cópias da mesma, devidamente autenticadas, serão transmitidas por este último Governo aos dos outros Estados signatários.

Em fé do que, os representantes dos Governos das Nações Unidas assinaram a presente Carta.

Feita na cidade de São Francisco, aos vinte e seis dias do mês de junho de mil novecentos e quarenta e cinco.

ESTATUTO DA CÔRTE INTERNACIONAL DE JUSTIÇA

Artigo 1. A Côrte Internacional de Justiça, estabelecida pela Carta das Nações Unidas como o principal órgão judiciário das Nações Unidas, será constituída e funcionará de acôrdo com as disposições do presente Estatuto.

CAPÍTULO I

ORGANIZAÇÃO DA CÔRTE

Artigo 2. a Côrte será composta de um corpo de juízes independentes, eleitos sem atenção à sua nacionalidade, entre pessoas que gozem de alta consideração moral e possuam as condições exigidas em seus respectivos países para o desempenho das mais altas funções judiciárias, ou que sejam jurisconsultos de reconhecida competência em direito internacional.

Artigo 3. 1. A Côrte será composta de quinze membros, não podendo configurar entre êles dois nacionais do mesmo Estado.

2. A pessoa que possa ser considerada nacional de mais de. um Estado será, para efeito de sua inclusão como membro da Côrte, considerada nacional do Estado em que exercer ordinariamente seus direitos civis e políticos.

Artigo 4. 1. Os membros da Côrte serão eleitos pela Assembléia Geral e pelo Conselho de Segurança de uma lista de pessoas apresentadas pelos grupos nacionais da Côrte Permanente de Arbitragem, de acôrdo com as disposições seguintes.

2. Quando se tratar de Membros das Nações Unidas não representados na côrte Permanente de Arbitragem, os candidatos serão apresentador por grupos nacionais designados para êsse fim pelos seus Governos, nas mesmas condições que as estipuladas para os membros da Côrte Permanente de Arbitragem pelo art. 44 da Convenção de Haia, de 1907, referente à solução pacífica das controvérsias internacionais.

3. As condições pelas quais um Estado, que é parte no presente Estatuto, sem ser Membro das Nações Unidas, poderá participar na eleição dos membros da Côrte, serão, na falta de acôrdo especial, determinadas pela Assembléia Geral mediante recomendação do Conselho de Segurança.

Artigo 5. 1. Três meses, pelo menos antes da data da eleição, o Secretário Geral das Nações Unidas convidará, por escrito, os membros da Côrte Permanente de Arbitragem pertencentes a Estados que sejam partes no presente Estatuto, e os membros dos grupos nacionais designados de conformidade com o art. 5, parágrafo 2, para que indiquem, por grupos nacionais, dentro de um prazo estabelecido, os nomes das pessoas em condições de desempenhar as funções de membro da Côrte.

2. Nenhum grupo deverá indicar mais de quatro pessoas, das quais. no máximo, duas poderão ser de sua nacionalidade. Em nenhum caso o número dos candidatos indicados por um grupo poderá ser maior do que o ,dôbro dos lugares a serem preenchidos.

Artigo 6. Recomenda-se que, antes de fazer estas indicações, cada.. grupo nacional consulte sua mais a!ta côrte de justiça, suas faculdades e escolas de direito, suas academias nacionais e as seções nacionais de academias internacionais dedicada ao estudo de direito.

Artigo 7. 1. O Secretário Geral preparará uma lista, por ordem alfabética, de tôdas as pessoas assim indicadas. Salvo o caso. previsto no art. 12, parágrafo 2, serão elas as únicas pessoas elegíveis.

2. O Secretário Geral . submeterá essa .lista à Assembléia Geral e ao Conselho de Segurança.

Artigo 8. A Assembléia Geral e o Conselho de Segurança procederão, independentemente um do outro, à eleição dos membras da Côrte.

Artigo 9. Em cada eleição, os eleitores devem ter presente não só que as pessoas a serem eleitas possuam individualmente as condições exigidas, mas também que, no conjunto dêsse órgão judiciário, seja assegurada a representação das mais altas formas da civilização e dos principais sistemas jurídicos do mundo.

Artigo 10. 1. 0s candidatos que obtiverem maioria absoluta de votos na Assembléia Geral e no Conselho de Segurança serão considerados eleitos.

2. Nas votações do Conselho de Segurança, quer para a eleição ,dos juizes, quer para a nomeação dos membros da comissão prevista no artigo 12, não haverá qualquer distinção entre membros permanentes e não permanentes do Conselho de Segurança.

3. No caso em que a maioria absoluta de votos, tanto da Assembléia Geral quanto do Conselho de Segurança, contemple mais de Um nacional do mesmo Estado, o mais velho dos dois será considerado eleito.

Artigo 11. Se, depois da primeira reunião convocada para fins de eleição, um ou mais lugares continuarem vagos, deverá ser realizada uma segunda e, se fôr necessário, uma terceira reunião.

Artigo 12. 1. Se, depois da terceira reunião, um ou mais lugares ainda continuarem vagos, uma comissão, composta de seis membros, três indicados pela Assembléia Geral e três pelo Conselho de Segurança, poderá ser formada em qualquer momento, por, solicitação da Assembléia ou do Conselho de Segurança, com o fim de escolher, por maioria absoluta de votos, um nome para cada lugar ainda vago, o qual será submetido à Assembléia Geral e ao Conselho de Segurança para sua respectiva aceitação.

2. A Comissão Mista, caso concorde unânimente com a escolha de uma pessoa que preencha as condições exigidas, poderá incluí-la em sua lista, ainda que a mesma não tenha figurado na lista de indicações a que se refere o artigo 7.

3. Se a Comissão Mista chegar à convicção de que não logrará resultados com uma eleição, os membros já eleitos da Côrte deverão, dentro de um prazo a ser fixado pelo Conselho de Segurança, preencher os lugares vagos, e o farão por escolha de entre os candidatos que tenham obtido votos na Assebléia Geral ou no Conselho de Segurança.

4. No caso de um empate na votação dos juízes, o mais velho dêles terá voto decisivo.

Artigo 13. 1. Os membros da, Côrte serão eleitos por nove anos e poderão ser reeleitos; fica estabelecido, entretanto, que, dos juizes eleitos na primeira eleição, cinco terminarão suas funções no fim de um período de três anos, e outros cinco no fim de um período de seis anos.

2. Os juízes cujas funções deverão terminar no fim dos referidos períodos iniciais de três e seis anos serão escolhidos por sorteio, que será efetuado pelo Secretário Geral imediatamente depois de terminada a primeira eleição.

3. Os membros da Côrte continuarão no desempenho de suas funções até que suas vagas tenham sido preenchidas. Ainda depois de substituídos, deverão terminar qualquer questão cujo estudo tenham começado.

4. No caso de renúncia de um membro da Côrte, o pedido de demissão deverá ser dirigido ao Presidente da Côrte que o transmitirá ao Secretário Geral. Esta última notificação significará a abertura da vaga.

Artigo 14. As vagas serão preenchidas pelo metodo estabelecido para a primeira eleição, de acôrdo com a seguinte disposição: o Secretário Geral, dentro de um mês a contar da abertura da vaga, expedirá os convites a que se refere o art. 5, e a data da eleição será fixada pelo Conselho de Segurança.

Artigo 15. O membro da Côrte eleito na vaga de um membro que não terminou seu mandato, completará o período do mandato do seu predecessor.

Artigo 16. 1. Nenhum membro da Côrte poderá exercer qualquer função política ou administrativa, ou dedicar-se a outra ocupação de natureza profissional.

2. Qualquer dúvida a êsse respeito será resolvida por decisão da Côrte.

Artigo 17. 1. Nenhum membro da Côrte poderá servir como agente, consultor ou advogado em qualquer questão.

2. Nenhum membro poderá participar da decisão de qualquer questão na qual anteriormente tenha intervindo como agente, consultor ou, advogado de uma das partes, como membro de um tribunal nacional ou internacional, ou de uma comissão de inquérito, ou em qualquer outro caráter.

3. Qualquer dúvida a êsse respeito será resolvida por decisão da Côrte.

Artigo 18. 1. Nenhum membro da Côrte poderá ser demitido, a menos· que, na opinião unânime dos outros membros, tenha deixado de preencher as condições exigidas.

2. O Secretário Geral será disso notificado, oficialmente, pelo Escrivão da Côrte.

3. Essa notificação significará a abertura da vaga.

Artigo 19. Os membros da Côrte, quando no exercício de suas funções, gozarão dos privilégios e imunidades diplomáticas.

Artigo 20. Todo membro da Côrte, antes de assumir as suas funções, fará, em sessão pública, a declaração solene de que exercerá as suas atribuições imparcial e conscienciosamente.

Artigo 21. 1. A Côrte elegerá, pelo período de três anos, seu Presidente e seu Vice-Presidente, que poderão ser reeleitos.

2. A Côrte nomeará seu Escrivão e providenciará sôbre a nomeação de outros funcionários que sejam necessários.

Artigo 22. 1. A sede da Côrte será a cidade de Haia. Isto, entretanto, não impedirá que até aqui a Côrte se reúna e exerça suas funções em qualquer outro lugar que considere conveniente.

2. O Presidente e o Escrivão residirão na sede da Côrte.

Artigo 23. 1. A Côrte funcionará permanentemente, exceto durante as férias judiciárias, cuja data e duração serão por ela fixadas.

2. Os Membros da Côrte gozarão de licenças periódicas, cujas datas e duração serão fixadas pela Côrte, sendo tomadas em consideração a distância entre a l-Iaia e o domicílio de cada Juiz.

3. Os membros da Côrte serão obrigado a ficar permanentemente à disposição da Côrte, a menos que estejam em licença ou impedidos de comparecer por motivo de doença ou outra séria razão, devidamente justificada perante o Presidente.

Artigo 24. 1. Se, por qualquer razão especial, o membro da Côrte considerar que não deve tomar parte no Julgamento de uma determinada questão, deverá informar disto o Presidente.

2. Se o Presidente considerar que, por uma razão especial, um dos membros da Côrte não deve funcionar numa determinada questão, deverá informá-lo disto.

3. Se, em qualquer dêsses casos, o membro da Côrte e o Presidente não estiverem de acôrdo, o assunto será resolvido por decisão da Côrte.

Artigo 25. A Côrte funcionará em sessão plenária, exceto nos casos previstos em contrário no presente capitulo.

2. O regulamento da Côrte poderá permitir que um ou mais juizes, de acôrdo com as circunstâncias e rotativamente, sejam dispensados das sessões, contanto que o número de juízes disponíveis para constituir a Côrte não seja reduzido a menos de onze.

3. O quorum de, nove juízes será suficiente para constituir a Côrte.

Artigo 26. 1. A Côrte poderá periodicamente formar uma ou mais Câmaras, compostas de três ou mais juizes, conforme ela mesma determinar, a fim de tratar de questões de caráter especial, como, por exemplo, questões trabalhistas e assuntos referentes a trânsito e comunicações.

2. A Côrte poderá, em qualquer tempo, formar uma Câmara para tratar de uma determinada questão. O número de juízes que constituirão essa Câmara será determinado pela Côrte, com a aprovação das partes.

3. As questões serão consideradas e resolvidas pelas Câmaras a que se refere o presente artigo, se as partes assim o solicitarem.

Artigo 27. Uma sentença proferida por qualquer das câmaras, a que se referem os artigos 26 e 29, será considerada como sentença emanada da Côrte.

Artigo 28. As Câmaras, a que se referem os artigos 26 e 29, poderão, com o consentimento das partes, reunir-se e exercer suas funções fora da cidade de Haia.

Artigo 29. Com o fim de apressar a solução dos assuntos, a Côrte formará anualmente uma Câmara, composta de cinco juizes; a qual, a pedido das partes, poderá considerar e resolver sumàriamente as questões. Além dos cinco juizes, serão escolhidos outros dois, que atuarão como substitutos, no impedimento de um daqueles.

Artigo 30. 1. A Côrte estabelecera regras para o desempenho de suas funções; especialmente as que se refiram aos métodos processuais.

2. O Regulamento- da Côrte disporá sôbre a nomeação de assessores para a Côrte ou para qualquer de suas Câmaras, os quais não terão direito a voto.

Artigo 31. 1. Os juizes da mesma nacionalidade de qualquer das partes conservam o direito de funcionar numa questão julgada pela Côrte.

2. Se a Côrte incluir entre os seus membros um juiz de nacionalidade de uma das partes, qualquer outra parte poderá escolher uma pessoa para funcionar como juiz. Essa pessoa deverá, de preferência, ser escolhida entre os que figuraram entre os candidatos a que se referem os arts. 4 e 5.

3. Se a Côrte não incluir entre os seus membros nenhum juiz de nacionalidade das partes, cada uma destas poderá proceder à escolha de um juiz, de conformidade com o parágrafo 2 dêste artigo.

4. As disposições dêste artigo serão aplicadas aos casos previstos nos artigos 26 e 29. Em tais casos, o presidente solicitará a um ou, se necessário a dois dos membros da Côrte integrantes da Câmara, que cedam seu lugar aos membros da Côrte de nacionalidade das partes interessadas, e, na falta ou impedimento dêstes, aos juízes especialmente escolhidos pelas partes.

5. No caso de haver diversas partes interessadas na mesma questão, elas serão, para os fins das disposições precedentes, consideradas como uma sô parte. Qualquer dúvida sôbre êste ponto será resolvida por decisão da Côrte.

6. Os juízes escolhidos de conformidade com os parágrafos 2, 3 e 4 dêste artigo deverão preencher as condições exigidas pelos artigos 2, 17 (parágrafo 2), 20 e 24, do presente Estatuto. Tomarão parte nas decisões em condições de completa igualdade com seus colegas.

Artigo 32. 1. Os membros da Côrte perceberão vencimentos anuais.

2. O Presidente receberá, por ano, um subsídio especial.

3. O Vice-Presidente recebera um subsídio especial, correspondente a   cada dia em que funcionar como Presidente.

4. Os juízes escolhidos de conformidade com o art. 31, que não sejam membros da Côrte, receberão uma remuneração correspondente a cada dia em que exerçam suas funções.

5. Esses vencimentos, subsídios e   remunerações   serão fixados pela Assembléia Geral e não poderão ser diminuídos enquanto durarem os mandatos.

6. Os vencimentos de Escrivão serão   fixados pela Assembléia Geral, por proposta da Côrte.

7. O Regulamento elaborado pela Assembléia Geral fixará as condições pelas quais serão concedidas pensões aos membros da Côrte e ao Escrivão, e as condições pelas quais os membros da Côrte e o Escrivão serão reembolsados de suas despesas de viagem.

8. Os vencimentos, subsídios e remuneração, acima mencionados, estarão livres de qualquer impôsto.

Artigo 33. As despesas da Côrte serão custeadas pelas   Nações Unidas da maneira que fôr decidida pela Assembléia Geral.

CAPÍTULO II

COMPETÊNCIA DA CÔRTE

Artigo 34. 1. Só os Estados poderão ser partes em questões perante a Côrte.

2. Sôbre as questões que lhe forem submetidas, a Côrte, nas condições prescritas por seu Regulamento, poderá solicitar Informação, de organizações públicas internacionais, e   receberá as informações que lhe forem prestadas, por iniciativa própria, pelas referidas organizações.

3. Sempre que, no Julgamento. de uma questão perante a Côrte, fôr discutida a interpretação de instrumento constitutivo de uma organização pública internacional ou de uma convenção internacional adotada em virtude do mesmo, o Escrivão dará conhecimento disso à organização   pública internacional interessada e lhe encaminhará cópias de todo o expediente escrito.

Artigo 35. 1. A Côrte estará aberta aos Estados que são parte no presente Estatuto.

2. As condições pelas quais a Côrte estará aberta a outros Estados serão determinadas, pelo Conselho de Segurança, ressalvadas as disposições especiais dos tratados vigentes; em nenhum caso, porém, tais condições colocarão as partes em posição de desigualdade perante a Côrte.

3. Quando um Estado que não é Membro das Nações Unidas fôr parte numa questão, a Côrte fixará a importância com que êle deverá, contribuir para as despesas da Côrte. Esta disposição não será aplicada, se tal Estado já contribuir para as referidas despesas.

Artigo 36. 1. A competência da Côrte abrange tôdas as questões que as partes lhe submetam, bem como todos os assuntos especialmente previstos na Carta das Nações Unidas ou em tratados e convenções em vigor.

2. Os Estados partes no presente Estatuto poderão, em   qualquer momento, declarar que reconhecem como obrigatória, ipso facto   e sem acôrdo especial, em relação a qualquer outro Estado que aceite a mesma obrigação, a jurisdição da Côrte em todas as controvérsias de ordem jurídica que tenham por objeto:

a) a interpretação de um tratado;

b) qualquer ponto de direito internacional;

c) a existência de qualquer fato que, se verificado, constituiria a violação de um compromisso internacional;

d) a natureza ou a extensão da reparação devida pela rutura de um compromisso internacional.

3. As declarações acima mencionadas poderão ser feitas pura e simplesmente ou sob condição de reciprocidade da parte de vários ou de certos Estados, ou por -prazo determinado.

4. Tais declarações serão depositadas junto ao Secretário Geral das Nações Unidas, que as transmitirá, por cópia, às partes contratantes do presente Estatuto e ao Escrivão da Côrte.

5. Nas relações entre as partes contratantes do presente Estatuto, as declarações feitas de acôrdo com o artigo 36 do Estatuto da Côrte Permanente de Justiça Internacional e que ainda estejam em vigor serão consideradas como importando na aceitação da jurisdição obrigatória da Côrte Internacional de Justiça pelo período em que ainda devem vigorar e de conformidade com os seus têrmos.

6. Qualquer controvérsia sôbre a jurisdição da Côrte será resolvida por decisão da própria Côrte.

Artigo 37. Sempre que um tratado ou convenção em vigor disponha que um assunto deve ser submetido a uma jurisdição a ser instituída pela Liga das Nações, ou à Côrte Permanente de Justiça Internacional, o assunto deverá, no que respeita às partes contratantes do presente Estatuto, ser submetido à Côrte Internacional de Justiça.

Artigo 38. 1. A Côrte, cuja função é decidir de acôrdo com o direito internacional as controvérsias que lhe forem submetidas, aplicará:

a) as convenções internacionais, quer gerais, quer especiais. que estabeleçam regras expressamente reconhecidas pelos Estados litigantes;

b) o costume internacional, como prova de uma prática geral aceita como sendo o direito;

c) os princípios gerais de direito reconhecidos pelas Nações civilizadas;

d) sob ressalva da disposição do art. 59, as decisões judiciárias e a doutrina dos publicistas mais qualificados das diferentes Nações, como meio auxiliar para a determinação das regras de direito.

2. A presente disposição não prejudicará a faculdade da Côrte de decidir uma questão ex aeque et bano, se as partes com isto concordarem.

CAPÍTULO III

PROCESSO

Artigo 39. 1. As. línguas oficiais da Côrte serão o francês e o inglês. Se as partes concordarem em que todo o processo se efetue em francês, a sentença será proferida em francês. Se as partes concordarem em que todo o processo se efetue em inglês, a sentença será proferida em inglês.

2. Na ausência de acôrdo a respeito da língua que deverá ser empregada; cada parte poderá, em suas alegações, usar a língua que preferir; a sentença da Côrte será proferida em francês e em inglês. Neste caso, a Côrte determinará ao mesmo tempo qual dos dois textos fará fé.

3. A pedido de uma das partes, a Côrte poderá autorizá-la a usar uma língua que não seja o francês ou o inglês.

Artigo 40. 1. As questões serão submetidas à Côrte, conforme o caso, por notificação do acôrdo especial ou por uma petição escrita dirigida ao Escrivão. Em qualquer dos casos, o objeto da controvérsia e as partes deverão ser indicados.

2. O Escrivão comunicará imediatamente a petição a todos os interessados.

3. Notificará também os Membros das Nações Unidas por intermédio do Secretário Geral e quaisquer outros Estados com direito a comparecer perante a Côrte.

Artigo 41. 1. A Côrte terá a faculdade de indicar, se julgar que as circunstâncias o exigem, quaisquer medidas provisórias que devem ser tomadas para preservar os direitos de cada parte.

2. Antes que a sentença seja proferida, as partes e o Conselho de Segurança deverão ser informados imediatamente das medidas sugeridas.

Artigo 42. 1. As partes serão representadas por agentes.

2. Estes terão a assistência de consultores ou advogados, perante a Côrte.

3. Os agentes, os consultores e os advogados das partes perante a Côrte gozarão dos privilégios e imunidades necessários ao livre exercício de suas atribuições.

Artigo 43. 1. O processo constará de duas fases: uma escrita e outra oral.

2. O processo escrito compreenderá a comunicação, à Côrte e, às partes de memórias, contra-memórias e, se necessário, réplicas, assim como quaisquer peças e documentos em apôio das mesmas.

3. Essas comunicações serão feitas por intermédio do Escrivão, na ordem e dentro do prazo fixados pela Côrte.

4. Uma cópia autenticada de cada documento apresentado por uma das partes será comunicada à outra parte.

5. O processo oral consistirá na audiência, pela Côrte, de testemunhas, peritos, agentes, consultores e advogados.

Artigo 44. 1 Para citação de outras pessoas que não sejam os agentes, os consultores ou advogados, a Côrte dirigir-se-á-diretamente ao Govêrno do Estado em cujo território deve ser feita a citação.

2. O mesmo processo será usado sempre que fôr necessário providenciar para obter quaisquer meios de prova no lugar do fato.

Artigo 45. Os. debates serão. dirigidos pelo Presidente ou, no impedimento dêste, pelo vice-presidente; se ambos estiverem impossibilitados de presidir, o mais antigo dos Juízes presentes ocupará a presidência.

Artigo 46, As audiências da Côrte serão públicas, a menos que a Côrte decida de outra maneira em que as partes solicitem a não admissão de público.

Artigo 47. 1. Será lavrada ata de cada audiência, assinada pelo Escrivão e pelo Presidente.

2. Só essa ata fará fé.

Artigo 48. A Côrte proferirá decisões sôbre o andamento do processo, a forma e o tempo em que cada parte terminará suas alegações, e tomará tôdas as medidas relacionadas com a apresentação das provas.

Artigo· 49. A Côrte poderá, ainda antes do inicio da audiência, intimar os agentes a apresentarem qualquer documento ou a fornecerem quaisquer explicações. Qualquer recusa deverá constar da ata.

Artigo 50. A Côrte poderá, em qualquer momento, confiar a qualquer individuo, corporação, repartição, comissão ou outra organização, à sua escolha, a tarefa de proceder a um inquérito ou a uma perícia.

Artigo 51. Durante os debates, todas as perguntas de interêsse serão feitas às testemunhas e peritos de conformidade com as condições determinadas pela Côrte no .Regulamento a que se refere o artigo 30.

Artigo 52. Depois de receber as provas e depoimentos dentro do prazo fixado para êsse fim, a Côrte poderá recusar-se a aceitar qualquer novo depoimento oral ou escrito que uma das partes deseje apresentar, a menos que as outras parte com isso concordem.

Artigo 53. 1. Se uma das partes deixar de comparecer perante a Côrte ou de apresentar a sua defesa, a outra parte poderá solicitar à Côrte que decida a favor de sua pretensão.

2. A Côrte, antes de decidir nesse sentido, deve certificar-se não só de que o assunto é de sua competência, de conformidade com os arts. 36 e 37, mas também de que a pretensão é bem fundada, de fato e de direito.

Artigo 54. 1. Quando os agentes, consultores e advogados tiverem concluído, sob a fiscalização da Côrte, a apresentação de sua causa, o Presidente declarará encerrados os debates.

2. A Côrte retirar-se-á para deliberar.

3. As deliberações da Côrte serão tomadas privadamente e permanecerão secretas.

Artigo 55. 1. Tôdas as questões serão decididas por maioria dos juizes presentes.

2. No caso de empate na votação, o Presidente ou o juiz que funcionar em seu lugar decidirá com o seu voto.

Artigo 56. 1. A sentença deverá declarar as razões em que se funda.

2. Deverá mencionar os nomes dos juízes que tomaram parte na decisão.

Artigo 57. Se a sentença não representar no todo ou em parte a opinião unânime dos juízes, qualquer dêles terá direito de lhe juntar a exposição de sua opinião individual.

Artigo 58. A sentença será assinada pelo Presidente e pelo Escrivão. Deverá ser lida em sessão pública, depois de notificados, devidamente, os agentes.

Artigo 59. A decisão da Côrte só será obrigatória para as partes litigantes e a respeito do caso em questão.

Artigo 60. A sentença é definitiva e inapelável. Em caso de controvérsia quanto ao sentido e ao alcance da sentença, caberá à Côrte interpretá-la a pedido de qualquer das partes.

Artigo 61. 1. O pedido de revisão de uma sentença só poderá ser feito em razão do descobrimento de algum fato suscetível de exercer influência decisiva, o qual, na ocasião de ser proferida a sentença, era desconhecido da Côrte e também da parte que solicita a revisão, contanto que tal desconhecimento não tenha sido devido à negligência.

2. O processo de revisão será aberto por uma sentença da Côrte, na qual se consignará expressamente a existência do fato novo, com o reconhecimento do caráter que determina a abertura da revisão e a declaração de que é cabível a solicitação nesse sentido.

3. A Côrte poderá subordinar a abertura do processo de revisão à prévia execução da sentença.

4. O pedido de revisão deverá ser feito no prazo máximo de seis meses a partir do descobrimento do fato novo.

5. Nenhum pedido de revisão poderá ser feito depois de transcorridos 10 anos da data da sentença.

Artigo 62. 1. Quando um Estado entender que a decisão de uma causa é suscetível de comprometer um interêsse seu de ordem jurídica, esse Estado poderá solicitar à Côrte permissão para intervir em tal causa.

2. A Côrte decidirá sôbre êsse pedido.

Artigo 63. 1. Quando se tratar da interpretação de uma convenção, da qual forem partes outros Estados, além dos litigantes, o Escrivão notificará imediatamente todos os Estados interessados.

2. Cada Estado assim notificado terá o direito de intervir no processo; mas, se usar dêste direito, a interpretação dada pela sentença será igualmente obrigatória para êle.

Artigo 64. A menos que seja decidido em contrário pela Côrte, cada parte pagará suas próprias custas no processo.

CAPÍTULO IV

PARECERES CONSULTIVOS

Artigo 65. 1. A Côrte poderá dar parecer consultivo sôbre qualquer questão jurídica a pedido do órgão que, de acôrdo com a Carta das Nações Unidas ou por ela autorizado, estiver em condições de fazer tal pedido.

2. As questões sôbre as quais fôr pedido o parecer consultivo da Côrte serão submetidas a ela por meio de petição escrita que deverá conter uma exposição do assunto sôbre o qual é solicitado o parecer e será acompanhada de todos os documentos que possam elucidar a questão.

Artigo 66. 1. O Escrivão notificará imediatamente todos os Estados com direito a comparecer perante a Côrte, do pedido de parecer consultivo.

2. Além disto, a todo Estado admitido a comparecer perante a Côrte e a qualquer organização internacional, que, a juízo da Côrte ou de seu Presidente, se a Côrte não estiver reunida, forem suscetíveis de fornecer informações sôbre a questão - o Escrivão fará saber, por comunicação especial e direta, que a Côrte estará disposta a receber exposições escritas, dentro num prazo a ser fixado pelo Presidente, ou ouvir exposições orais. durante uma audiência pública realizada para tal fim.

3. Se qualquer Estado com direito a comparecer perante a Côrte deixar de receber a comunicação especial a que se refere o parágrafo 2 dêste artigo, tal Estado poderá manifestar o desejo de submeter a ela uma exposição escrita ou oral. A Côrte decidirá.

4. Os Estados e organizações que tenham apresentado exposição escrita ou oral, ou ambas, terão a faculdade de discutir as exposições feitas por outros Estados ou organizações, na. forma, extensão ou limite de tempo que a Côrte, ou, se ela não estiver reunida, o seu Presidente determinar, em cada caso particular. Para êsse efeito, o Escrivão devera, no devido tempo, comunicar qualquer dessas exposições escritas aos Estados e organizações que submeterem exposições semelhantes.

Artigo 67. A Côrte dará seus pareceres consultivos em sessão pública, depois de terem sido notificados o Secretário Geral, os representantes dos Membros das Nações Unidas, bem como de outros Estados e das organizações internacionais diretamente interessadas.

Artigo 68. No exercício de suas funções consultivas, a Côrte deverá guiar-se, além disso, pelas disposições do presente Estatuto, que se aplicam em casos contenciosos, na medida em que, na sua opinião, tais disposições forem aplicáveis.

CAPÍTULO V

EMENDAS

Artigo 69. As emendas ao presente Estatuto serão efetuadas pelo mesmo processo estabelecido pela Carta das Nações Unidas para emendas à Carta, ressalvadas, entretanto, quaisquer disposições que a Assembléia Geral, por determinação do Conselho de Segurança, possa adotar a respeito. da participação de Estados que, tendo aceito o presente Estatuto, não são Membros das Nações Unidas.

Artigo 70. A Côrte terá a faculdade de propor por escrito ao Secretário Geral quaisquer emendas ao presente Estatuto, que julgar necessárias, a fim de que as mesmas sejam consideradas de conformidade com as disposições do art. 69.

E, havendo o Govêrno do Brasil aprovado a mesma Carta nos têrmos acima transcritos, pela presente a dou por firme e valiosa para produzir os seus devidos efeitos, prometendo que será cumprida inviolàvelmente.

Em firmeza do que, mandei passar esta Carta que assino e é selada cem o sêlo das armas da República e subscrita pelo Ministro de Estado das Relações Exteriores.

Dada no Palácio da Presidência, no Rio de Janeiro, aos doze dias do mês de setembro, de mil novecentos e quarenta e cinco, 124.° da Independência e 57.° da República.

GETULIO VARGAS.
Pedro Leão Velloso